Rolf Bechers Springschule

Rolf Bechers Springschule

Das Chiron-System

Erziehung des Pferdes zu Selbständigkeit und Partnerschaft

Aktualisierte, erweiterte Neuausgabe

Franckh-Kosmos

Mit 134 Farb- und Schwarzweißfotos von Ursula Bruns (14, 17, 64), Hugo M. Czerny (55), Klara Decker (29), Werner Ernst (101), Andreas Jarc (78, 119), Margot Kornhaas (76, 135), Sabine Küpper (50 o, 65, 120), Lothar Lenz (49, 53, 66, 67 u, 88 o, 117), Hansjörg Menschel (109), photec (37, 47 u, 51 o, 61, 73), Profoto-Team (85, 105), Hans-Jürgen Rick (115), Edgar Schöpal (12/13, 19, 20, 48, 50 u, 51u, 54, 63, 67 o, 70, 77, 80/81, 82, 84, 85, 87, 89, 91, 92/93, 98/99, 111, 112, 120, 139, 147), J. Sommer (108) und aus dem Archiv des Autors.
Die Zeichnungen stammen aus der Feder des Autors.

Umschlag gestaltet von Atelier Reichert, Stuttgart, unter Verwendung von Farbfotos von Edgar Schöpal.

Die Deutsche Bibliothek – CIP-Einheitsaufnahme
[Springschule]
Rolf Bechers Springschule : Erziehung des Pferdes zu Selbständigkeit und Partnerschaft ; das Chiron-System. – Aktualisierte, erw. Neuausg. – Stuttgart : Franckh-Kosmos, 1995
Ausg. im Danker-Verl. u. d. T.: Chiron im Sattel
ISBN 3-440-06917-6
NE: Becher, Rolf

ISBN 3-440-06917-6
Lektorat: Sigrid Eicher
Herstellung: Heiderose Stetter
Printed in Germany / Imprimé en Allemagne
Satz: Kittelberger, Reutlingen
Druck und buchbinderische Verarbeitung: Westermann Druck Zwickau GmbH, Zwickau

Diesem Buch liegen die Texte des Buches „Chiron im Sattel“ (Beate Danker-Verlag, Friedberg 1990) von Rolf Becher zugrunde.

Rolf Bechers Springschule

Ein Wort zuvor

Es war eine schöne Aufgabe, dieses Buch zu schreiben, dessen Kerngedanke sich mit der Frage „Wie schule ich mein Pferd?“ beschäftigt. Ich freue mich, daß Sie dieses Buch „lesen“, denn Lesen bedeutet, aus den Zeilen und auch *zwischen* den Zeilen zu lesen, um den Sinn des Geschriebenen richtig zu erfassen.

Ich bemühe mich, die in der Praxis bei der Ausbildung von Pferden auftretenden Gegebenheiten und Probleme so differenziert zur Sprache zu bringen, wie die Ausbildung des Pferdes es mit sich bringt. Weil nun das Leben mit dem Pferd, wenn es pferdegerecht bzw. menschenwürdig gelebt werden soll, nur dann sportlich-ethische Qualität erhält, wenn das Pferd dabei zum Partner erhoben wird, schreibe ich auch das Buch in der „Du-Form“.

Für anglophile Leser ist das nichts Neues. Meinen deutschsprachigen Lesern will ich es damit leichter machen, sich selbst loszulassen, ohne sich dauernd unter dem erhobenen Zeigefinger eines Lehrers zu fühlen, und damit aufgeschlossen den Gedankengängen zu folgen, die eben typisch Chiron sind.

Unser mechanistisches Zeitalter neigt dazu, das Pferd nicht als ein naiv-intelligentes Lebewesen zu erkennen, und bleibt daher in atavistischen Manipulationen stecken, die das Tier zu einem „Hilfenschaltkasten“ degradieren. Psychologische Momente, die den nervlichen und anatomischen Habitus des Pferdes zur Grundlage der gesamten Ausbildung machen, sind daher die Basis des Chiron-Systems.

Streß ist der Tod jeder Arbeit und jedes Sports. Wie leicht das zu vermeiden ist, sei es beim Freizeitreiten oder im Leistungssport – diesen Weg will dieses Buch weisen.

Rolf Becher

Einleitung

Was bedeutet Chiron?

Chiron ist ein gerechter, heilkundiger Zentaur der griechischen Mythologie und gilt als Mentor des Achilleus, Theseus und anderer Helden. Dem erblindeten Phoinix gab er sein Gesicht wieder. Mit einem vom Gift der Hydra getränkten Pfeil des Herakles wurde er im Kampf mit verderbten Zentauren irrtümlich getroffen. Schwer verwundet und unter Schmerzen bat er Zeus, der ihm Unsterblichkeit verliehen hatte, ihm seine Sterblichkeit wiederzugeben. Zeus erfüllte seinen Wunsch und übertrug die Unsterblichkeit auf Prometheus.
Die Gestalt des Zentauren soll die Harmonie des Pferdes mit dem Menschen symbolisieren – eine Vereinigung der Kraft und Güte des Pferdes mit der Vernunft des Menschen. Aus diesen humanistischen Gedankengängen ist das Symbol des Zentauren Chiron entstanden.
Als vernunftbezogener Mensch wirst du jetzt erkennen, warum das Chiron-System, auf der Entität von Körper/Psyche/Innervation bestehend, von mir zum Programm und zur Quintessenz der Ausbildung von Pferd und Reiter aufgeschlossen worden ist.
Die europäische Bewegung der Aufklärung, die etwa am Ende des 17. Jahrhunderts durch den Physiker Isaac Newton (1643–1727) eingeleitet worden ist und bis in unsere heutige Zeit eine gigantische Eskalation erfahren hat, brachte es mit sich, daß die Technik wie ein Goldenes Kalb angebetet wurde und das Leben, also das aus sich heraus Schöpferische und Seiende, mehr und mehr in ihrem Schatten verkümmerte.
Das Pferd wurde nach seiner Domestizierung neben seiner Nutzbarmachung im zivilen Gebrauch hauptsächlich zum kriegerischen Einsatz benutzt. Das liegt leider vorzugsweise im Trend des „Homo sapiens“ mit seinem angeborenen Trieb, die Vernunft zum Durchsetzen der Macht zu mißbrauchen. So wurde das Pferd zum vierbeinigen Soldaten dressiert. Nur ein dressierter Soldat (ob Mensch oder Tier) geht aber frisch, fromm, fröhlich, frei in eine „Schlacht“, um sich abschlachten zu lassen. Um dieses Ziel zu erreichen, muß die dazu nötige Gehirnwäsche psychologisch und raffiniert angesetzt werden. Das ist bis zum heutigen Tag (auch im Sport) leider der grundbildende Tenor der Ausbildung geblieben.
Chiron-Gedanken sind weit davon entfernt, das Pferd zu vermenschlichen. Das würde das Grundprinzip der Auffassung verletzen. Das Pferd soll als Mitgeschöpf geachtet und nicht wie ein Prügelsklave mißachtet werden. Es hätte keinen Lebensraum mehr, wenn es nicht zum Sportpartner des Menschen geschult würde. Das Leben ist für alle Lebewesen kein Garten Eden und fordert oft sehr hart. Der vernunftbegabte Mensch sollte sich aber vom Trieb der Tyrannei freimachen und sich dem Leitsatz unterstellen „Noblesse oblige“! Nicht, *was* getan wird, sondern *wie* es getan wird, ist der elementare Grundgedanke von Chiron.

Brennpunkte

1. Das hier konzipierte Chiron-System ist niemals eindeutig klar zu verstehen, wenn man sich nicht die drei Grundpfeiler, auf denen es aufgebaut ist, durch geistige Verarbeitung angeeignet hat. Diese drei Grundpfeiler sind:

Psychologie/Innervation/Anatomie

2. Fehler entstehen, wenn du nicht die Basis der Arbeit erkennst. Die Basis ist Vertrauen!

3. Baust du nicht auf dieser Basis auf, bekommst du eine lebendige Pferdemarionette, die nur auf die Marionettenfäden (die körperlichen Hilfen) eindressiert worden ist, aber niemals einen Partner!

4. Das gelingt dir nur, wenn du dich von Prägungen lösen kannst, die dir selbst andressiert worden sind. Solche fatalen Prägungen können zur Gewohnheit geworden sein, die außerordentlich schwer abzustellen ist. Sie sind nur zu überwinden, wenn du dich bemühst, folgerichtig zu denken. Daher steht auch unter dem Symbol des Zentauren: *Cogito ergo sum* (Ich denke, also bin ich).

5. Vergiß nicht, daß *Streß* die Geißel und Tragik für dein Pferd und dich bedeutet.

6. Lerne dosieren! Was für das eine Pferd gemäß seiner Veranlagung noch ein Kinderspiel ist, kann für ein anderes Pferd schon Tierschinderei sein. Hast du ein hochbegabtes Pferd, so ist (bei planmäßiger Ausbildung) eine große Voll-Military wohl eine Anstrengung, aber keine Überforderung, während das Reiten eines L-Springens für ein Pferd, das sich über einen A-Parcours schon quält, eine Verantwortungslosigkeit darstellt.

7. Tierschützer müssen darüber (Mißbrauch der Tiere) eindeutig aufgeklärt werden, weil sie vielfach keinen richtigen Einblick haben. Der einzige Lebensraum für die meisten Pferde (und Züchter) ist der Sport auf kleiner und großer Ebene. Nimmt man dem Pferd diese Überlebenschance, kann es nur zum Schlachtvieh werden. Das muß verhindert werden.

Cogito ergo sum (eine Erkenntnis des französischen Naturwissenschaftlers und Philosophen René Descartes (1596–1650): Ich denke, also bin ich).

Teil I
Die Grundschule

1. Der effektive leichte Sitz

Das Chiron-System, das auf den umwälzenden Gedanken des bekannten, de facto aber immer noch unbekannten Klassikers (die Begriffe „Klasse“ und „klassisch“ findest du unter „Klare Begriffsdefinitionen“ auf Seite 144) Capitano Federico Caprilli (1868–1907) aufgebaut und der Zeit gemäß weiterentwickelt worden ist, ist erfolgversprechend nur aus klarer Erkenntnis des korrekten, effektiven leichten Sitzes wirksam! Dieser effektive leichte Sitz ist ein rein dynamischer Sitz, der das Verständnis des Pferdes und seine freudige Mitarbeit zu körperlichem Einsatz über psychologische und nervliche Gegebenheiten erreicht. Hast du das erkannt, so wirst du fast spielerisch dein Pferd zu den Leistungen bringen können, die in ihm stecken. Denk gut mit und orientiere dich an den zum Text gehörigen Illustrationen.

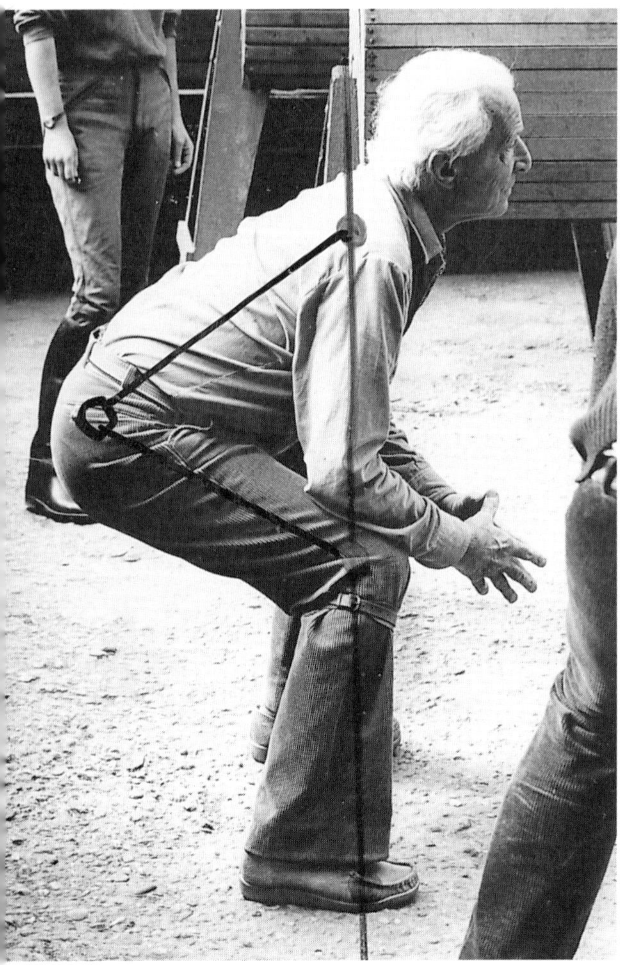

Die Gleichgewichtsposition, demonstriert vom Autor selbst.

An den Anfang gehört unbedingt die detaillierte Beschreibung des in allen Lehrbüchern, Richtlinien und Lehren ungenau beschriebenen effektiven leichten Sitzes, ohne den das gesamte System keinen Erfolg bringen kann:

Wörtlich genommen ist dieser leichte Sitz kein „Sitz“ mehr, weil das Sitz-Fundament des Dressursitzes nicht mehr existiert. Bei meinen Lehrgängen in Irland und England konnte ich mich einfach verständlich machen, indem ich sagte: „It is sort of being astride on horseback“. Damit bilden nun Knie/Wade/Fuß das sichere Fundament, das durch die dynamisch korrekte Haltung des Oberkörpers sinnvoll unterstützt wird. Man kann das ohne Pferd auf ebener Erde ausprobieren. Wenn ich mich hinkauere, werde ich bei richtiger Position meiner Schultern und Hüften genau im Schwerpunkt sein. Verändere ich diese Position (nach vorwärts oder rückwärts), werde ich unweigerlich vornüber oder hintenüber fallen.

Bleiben wir bei dieser Übung ohne Pferd auf dem Boden und probieren wir aus, in welcher Wechselbeziehung Körperhaltung und Schwerpunkt miteinander stehen.

Nun bitte mitmachen: Ich stelle mich breitbeinig (als hätte ich ein Pferd zwischen den Beinen) aufrecht hin, habe also Schultern/

Der klassische Dressursitz

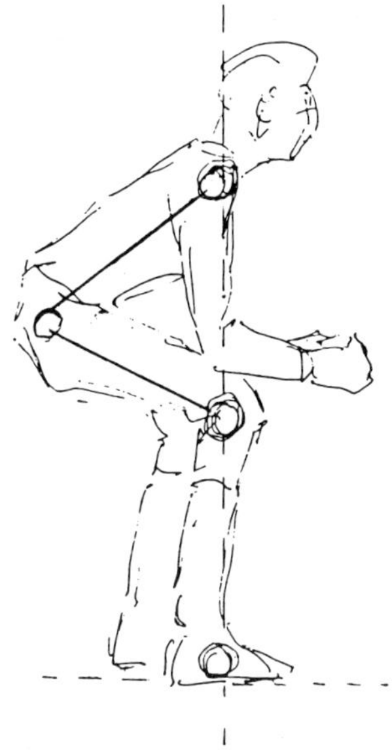

Das Fundament des leichten Sitzes: Die Lotrechte geht durch Schulter/Knie/Wade/Fuß.

Hüften/Füße in der Lotrechten und bin im statischen Gleichgewicht. Das wäre sehr unpraktisch zum Reiten, denn ich befinde mich ja auf einem tonnenförmigen und nicht auf einem spitzen dachförmigen Gebilde. Meine Beine würden grätenförmig abstehen und alle Berührungspunkte am Pferderumpf verlieren. (Zur Ritterzeit klemmten die geharnischten Reiter im Stehsattel derart auf dem Pferd; siehe das Standbild des Condottiere Colleoni.)
Jetzt gehe ich etwas in die Knie, und die Lotrechte des Schwerpunktes trifft nun Schulter/Hüfte/Absatz, wobei zu Pferd die Sitzknochen Kontakt mit dem Tiefpunkt des Sattels bekommen würden. Die Beine stehen jetzt nicht mehr grätenartig ab und bekommen Fühlung mit dem Pferderumpf. Wir haben den klassischen Dressursitz entdeckt, wie wir ihn auf den Kupferstichen Joh. Elias Riedingers und des Klassikers der Dressurreiterei, de la Guérinière, sehen können.
Wir probieren weiter: Ich gehe tiefer in die Kniebeuge und muß nun, um das Gleichgewicht zu erhalten, meine Schultern tiefer und meine Hüften entsprechend zurücknehmen. Setze ich nun bei noch tiefer genommenen Schultern und weiter zurückgenommenen Hüften meine Ellbogen auf die Knie an, so finde ich eine recht angenehme Gleichgewichtsposition.
Wenn ich die Lotrechte prüfe, die mir das Gleichgewicht verschafft, so finde ich sie in der Schwerpunktlage Knie/Wade/Fuß – und damit habe ich das Fundament für den leichten Sitz gefunden, aus dem heraus ich spielend den sich stets verändernden dynamischen Schwerpunkt (in unebenem Gelände und über Hindernisse) begleiten kann. Wenn ich dann diese „Trockenübung" in die Reitpraxis übersetze, stelle ich natürlich nicht die Hände auf meine Knie auf, sondern auf den Pferdehals, was mir eine ruhige, tiefe Hand bringt, mit der ich mühelos den Pferdehals geradehalten kann, ohne daß ich das üble „Molkereigeschäft" betreiben muß, das man allerorts bei ungeschultem leichten Sitz zu sehen bekommt. Die wesentlichen Elemente des leichten Sitzes

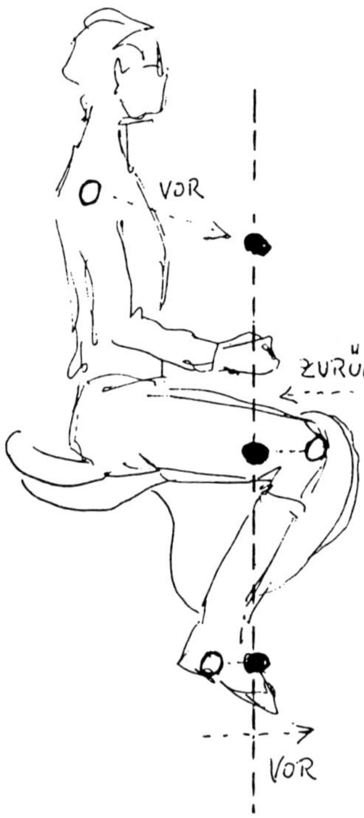

Der Sitz im Schritt, mit kurzen Bügeln und aufrechtem Oberkörper

wurden um die Jahrhundertwende von dem italienischen Capitano Federico Caprilli gefunden und der sportlichen Springreiterei nutzbar gemacht (siehe auch Seite 128/129). Hand in Hand damit geht der Ausbildungsplan der natürlichen Methode. Das eine ist vom anderen nicht zu trennen.

Nachdem ich bei diesen Versuchen durch stufenweises Verkürzen meiner Bügellänge den jeweiligen Schwerpunkt statisch gefunden habe, versuche ich nun zu Pferd den dynamischen Schwerpunkt, der sich je nach Gangart oder Sprungbewegung des Pferdes verändert, zu erforschen. Im Schritt, der ja eine schreitende Bewegung ist, tritt das dynamische Moment noch nicht in Erscheinung. Ich werde also im Schritt auf ebener Erde aufrecht sitzen bleiben, um (wie der Dressurreiter) mit aufrechtem Oberkörper den Impuls zum Antreten und zum fleißigen Schritt geben zu können. Meine Beine liegen dabei infolge der kurzen Bügel (sie sind je nach Größe des Reiters etwa 4–6 Loch kürzer) recht unglücklich, weil beim Sitzen im Sattel das Knie weit nach vorn kommt und der Unterschenkel bei spitzem Kniewinkel das Pferd schlecht beeinflussen kann (siehe Abbildung links).

Dieser eindeutige Nachteil im Schritt interessiert uns aber deshalb nicht, weil der leichte Sitz für die Beherrschung schwungvoller Bewegungen – Trab – Galopp – Sprung – geschaffen ist.

Jetzt traben wir an. Mit dem Beginn der Trabbewegung zieht das Knie sich zurück, etwa bis zur Fallinie des Bügelriemens. Und jetzt bildet sich das so eminent wichtige Fundament: Knie/Wade/Fuß. Über diesem Fundament wird nun der Oberkörper durch tiefere Haltung der Schultern und entsprechendes Zurücknehmen der Hüften in den dynamischen Schwerpunkt gebracht.

Achtung!
Mit Aufstehen im Sattel, leichtem Erheben, oder, wie es bei manchen Autoren so lieblich heißt, „leichtem Lüften des Gesäßes“ hat ein korrekter leichter Sitz wahrhaftig nichts zu tun. Das Eingehen in die Bewegung und die Entlastung des Pferderükkens gelingt durch das Tiefernehmen der Schultern und das dementsprechende Zurücknehmen der Hüften.

Die Probe darauf: Ich setze mich auf einen Stuhl, lege die Finger meiner Hände unter die Sitzknochen und fühle deutlich den Druck meines Gewichts.

Jetzt nehme ich meine Schultern tief, schiebe meine Hüften entsprechend zurück, und der Druck ist weg. Zu Pferd brauche ich mich also nur darum zu bemühen, meinen Oberkörper dem Bewegungsablauf anzupassen, was aufgrund eines gut geschulten Fundaments Knie/Wade/Fuß leicht erlernbar ist. Dieses ausschlaggebende Fundament darf also kein „Wackelpudding“ sein. Es muß einwandfrei erlernt werden. Um es

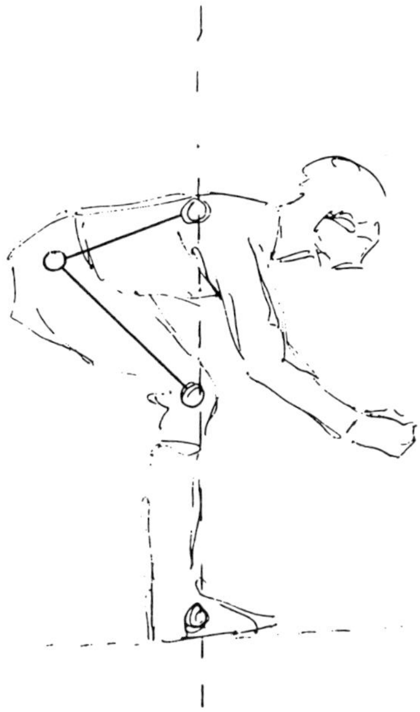

Extremes Tiefnehmen der Schulter im leichten Sitz; der Schenkel darf auf keinen Fall nach hinten wegrutschen!

zu einem wirksamen Fundament zu machen, muß der Fuß so weit durch den Bügel geschoben werden, daß er deutlich in der Fußwölbung fühlbar wird; damit wird er mit seinen beiden anderen Faktoren (Wade und Knie) zur Zentrale des leichten Sitzes, aus der heraus der Oberkörper souverän die Bewegungsabläufe begleiten und beherrschen kann.

Der Bügel wird durchgetreten, damit der Fuß nicht federt, weil er ja das Fundament bilden soll.

Um hierzu gleich einigen Kontroversen entgegenzutreten, führe ich etwa folgende an: „Ja, aber das ist lebensgefährlich, denn man kann bei einem Unfall zu Tode geschleift werden." Ich bin in meiner über 55jährigen Praxis in der Ausbildung von Gelände- und Springpferden sicherlich nahezu 200mal mit und ohne Pferd im Training und in Konkurrenzen gestürzt und zum Leidwesen meiner Opponenten immer noch nicht zu Tode geschleift worden. Auch die italienische Schule des Springreitens baut das Leichte-

Noch einmal der Gleichgewichtssitz, diesmal demonstriert zu Pferd.

Sitz-Fundament auf diese Fußhaltung im Bügel auf.
Ein anderer Einwand fußt darauf, daß damit die Federung im Fußgelenk nicht möglich sei. Das stimmt haargenau. Dort soll und darf auch gar nichts federn, weil ein federndes Fundament beim Springen keines mehr ist. Die Federung (Elastizität) des Reiters sitzt im Hüftgelenk, das er im Verein mit seiner Schulterhaltung wirkungsvoll anwendet.
Diese Mißinterpretationen kommen aus der Zwangsvorstellung, den Springsitz und die ganze Springreiterei aus der Dressurreiterei und dem Dressursitz entwickeln zu wollen. Daß im gestreckten Dressursitz der Bügel am Fußballen gehalten werden muß, ist richtig und selbstverständlich, weil sonst das Sitzfundament zerstört werden würde. Im leichten Springsitz ist aber der Fuß im Bügel die Basis des Fundaments. Wir sehen also, daß all das unzweideutig logisch ist, und ich gebe das meinen Lesern mit, weil sie todsicher mit diesen nicht aussterbenwollenden Einwänden konfrontiert werden.
Zurück zu unseren Übungen im Sattel. Nach einiger Übung im Trab stelle ich mir vor, daß z.B. an der Mitte der langen Seite des Reitvierecks ein Baum steht, dessen Äste tief auf meinen Reitweg hinabhängen. Um nicht mit meinem Kopf und Hals da hineinzugeraten, muß ich nun meine Schultern extrem tief nehmen. Achtung! Wenn ich nicht daran denke, rutschen mir Unterschenkel und Füße nach rückwärts/oben, und mein Fundament ist weg.

Ich lerne daraus: Je tiefer meine Schultern – aus welchen Gründen auch immer – kommen müssen, um so mehr müssen meine Hüften zurück – und meine Füße in den Bügeln nach vorn unter den neuen Schwerpunkt gezogen werden.

Um dem Reiter zu einem guten Fundament zu verhelfen, lasse ich meine Schüler folgende Übungen zu Pferd machen, zunächst im Schritt, dann im Trab und Galopp:

Pferd umarmen.

Fußspitze anfassen.

Nach hinten deuten.

In die Luft boxen.

Die Übungen zur Erlernung des effektiven leichten Sitzes sind fester Bestandteil jedes Chiron-Springkurses.

1. Pferd umarmen. Dazu müssen die Schultern extrem tief genommen werden, ohne daß das Fundament Knie/Wade/Fuß seinen Platz verläßt.

2. Fußspitze anfassen und kurz darauf wieder in die normale Reitposition des leichten Sitzes zurückgehen. Mehrmals hintereinander, um die Elastizität im Hüftwinkel zu erlangen. Fortgeschrittene können diese Übung erschweren, indem sie mit der linken Hand die rechte Fußspitze – und umgekehrt – anfassen. Die andere Hand muß dabei nach hinten-oben gestreckt werden. Die Zügel sind weggelegt. Das ist auch eine vorzügliche Übung für das Pferd, das dabei lernt, zwischen den Beinen des Reiters geradeaus zu bleiben.

3. Nach hinten deuten, als wollte man mit einer Pistole auf einen Verfolger zielen; also Augen-Arm-Fingerspitze in der Horizontalen.

4. Kraftvolles Luft-Boxen. Die Beine müssen fest zugemacht werden, sonst geht es nicht, und das Pferd muß fromm und zutraulich sein, um nicht scheu zu werden.

Mit einem so geschulten Fundament und der konform gehenden Elastizität des Oberkörpers erarbeitet sich der Reiter alles, was er beim Reiten über Hindernisse braucht. Der vorzüglichste Dressursitz kann dem Reiter niemals diese effektive Geschmeidigkeit geben, die er für die Beherrschung des dynamischen Schwerpunktes beim Gelände- und Springreiten braucht.
Der schwächste Punkt der Rückenwirbelbrücke des Pferdes liegt dort, wo du im gestreckten Sitz mit langen Bügeln aufrecht sitzt. Diesen Dressursitz beim jungen Pferd anzuwenden ist daher sehr bedenklich, weil psychische und nervliche Faktoren blockierend in Erscheinung treten. Dasselbe ist auch bei unklug geschulten älteren Pferden im unebenen Gelände oder gar über Hin-

dernisse von ausschlaggebender Bedeutung. Der dynamische (also sich dauernd verändernde) Schwerpunkt liegt beim Pferd etwas unterhalb, schräg rückwärts des Widerristes, wo dieser in die Rückenwirbelbrücke einmündet.
Wenn du deine Haltung so einnimmst, daß du dich mit diesem Punkt im Einklang befindest, hast du die Schlüsselstellung gefunden! Damit und daraus kannst du erfolgreich weiterarbeiten! Diese Schlüsselstellung findest du im ausgewogenen Gewichtsdreieck Schulter/Hüfte/Fundament, womit du deine Position mit dem Bewegungsablauf synchronisierst!
Welche Gedanken und daraus folgende Übungen du dazu brauchst, besprechen wir nun.
Die oft ungeschickte Handhabung der deutschen Sprache im Reitunterricht und in Lehrbüchern läßt hier eine Vieldeutigkeit

Selbst das beste Beispiel: Ein richtiger Gleichgewichtssitz ermüdet nicht . . .

. . . sondern erhält im Gegenteil beweglich!

zu, die unentwegt Mißverständnisse und ebenso mißverständliche Berichtigungen der Ansicht entstehen lassen. Es heißt dann einfach: „Ja, das habe ich ja auch gemeint." – Das ist das Dilemma.

1. Überlegung: Wenn du leichttrabst, gehen deine Unterschenkel automatisch zu (kommen also dem Pferdeleib entgegen), wenn du in der Phase des Niedersitzens bist. Beim Erheben aus dem Sattel gehen zwar die Knie zu, aber die Unterschenkel entfernen sich vom Pferd. Probier es aus und überlege: Nur der Moment des *Niedersitzens* ist also derjenige, in dem du einen treibenden Impuls wirksam anwenden kannst! Hast du ein träges Pferd, brauchst du nur das Ankommen deines jeweiligen inneren Unterschenkels zu verstärken, wohlgemerkt des *inneren*, denn du willst ja das innere Hinterbein deines Pferdes zum vermehrten Vor- und Untertreten veranlassen.

2. Das will auch jede vernünftige Reitvorschrift, weil sonst das Pferd über die äußere Schulter abgetrieben würde!

3. *Auf* einem inneren Hinterbein leichttraben kann also nur bedeuten, daß du niedersitzen sollst, wenn das innere Hinterbein den Boden *be*tritt. Wenn es den Boden betritt, hat es aber die Last zu tragen und ist für einen Impuls nicht mehr empfänglich. Also ist für ein „vermehrtes Vor- und Untertreten" diese Anweisung falsch!

4. Weil völlige Unklarheit über den Vorgang besteht, wird dir nun vom Erheben im Leichttraben, verbunden mit Belastung und Entlastung, ein Wust von Unsinn erzählt, bis du überhaupt nicht mehr weißt, was nun eigentlich los ist.

Es ist viel einfacher, es auszuprobieren, als es zu lesen! Hast du es endlich herausbekommen und reitest dann auch so, werden sogleich „Fachleute" kommen und dir sagen, daß du auf dem falschen Fuß leichttrabst. Warum, weshalb, wieso?
Ich will es dir erklären: Es stammt aus der

Merke: Antreiben kannst du sinngemäß nur im Niedersitzen. Das Erheben ist die Erleichterungs-Zwischenphase, die dich gar nicht interessiert, weil dich nur der innere Hinterfuß zu interessieren braucht, der empfänglich ist, und das ist *der* Hinterfuß, der *ab*fußt! Niemals der, der den Boden betritt!

Zeit der Kavallerie-Ausbildung, als das Leichttraben von den Engländern übernommen wurde und zwar von den Postkutschenreitern, die auf den linken Pferden des Vierer- oder Sechserzuges ritten. Sie bekamen heraus, daß das Aussitzen auf meilenweiten Strecken für Pferd und Reiter sehr nervtötend war, und begannen damit, eins- und, eins- und zu traben. Die Engländer nennen das Leichttraben daher oft heute noch „posting".
In Deutschland wurde es bei der Kavallerie im vorigen Jahrhundert eingeführt und wurde Englischtraben genannt. Der Ausdruck „Leichttraben" kam erst viel später bei uns auf. Weil dieses Englischtraben eine ausgezeichnete Erfindung war, um Kavallerieeinheiten flott an den Feind heranzuführen, wurde es emsig gepflegt. Was und wie es dann geschah, will ich dir skizzenhaft erzählen:
Kam etwa ein Inspekteur zu einer Schwadron und fragte den Schwadronschef: „Wie steht es denn bei Ihnen mit dem Englischtraben? Können das die Leute schon einigermaßen?" Dann ließ er sich die Gruppe in der Reitbahn vorführen, nickte beifällig mit dem Kopf und sagte: „Na, das ist ja schon ganz ordentlich." Dann befahl er weiter: „Nun lassen Sie mal im Tempo zulegen!" (Heute entspräche das etwa Mitteltrab). Und da entpuppte sich plötzlich ein Problem, denn ein relativ großer Teil der Reitergruppe galoppierte in der Wendung an. Da war auf einmal der Bock fett. „Ich habe Englischtraben gesagt und nicht angaloppieren! Wenn es mal einem passiert, will ich ja nichts sagen, wenn aber fast die Hälfte

Korrekter Dressursitz und korrekter leichter Sitz im Vergleich zum falsch verstandenen leichten Sitz

angaloppiert beim Verstärken, dann werde ich ungemütlich! Stellen Sie das baldigst ab, verstanden?!"

O weh, was nun? Die Reitlehrer steckten die Köpfe zusammen und suchten nach der Wurzel des Übels. Dann kamen sie dahinter: Es wurde eben leichtgetrabt, ohne zu beachten, auf welchem Fuß. Bei guter Beobachtung stellte sich heraus, daß diejenigen Pferde in den Ecken der Bahn sehr leicht angaloppierten, die auf dem inneren Vorderfuß eingesessen wurden. Folgerung war also, daß das Leichttraben auf dem inneren Vorderfuß das Angaloppieren fördert und das Traben auf dem äußeren Vorderfuß den Galopp zurückhält. Es war daher logisch und tadellos beobachtet, im Hinblick auf die nächste Besichtigung, den Reitbefehl zu geben, stets auf dem äußeren Vorderfuß zu traben. Und siehe da, es klappte. Von da an wurde dieser äußere Vorderfuß zum Niedersetzen als der richtige deklariert. Das hat sich bis zum heutigen Tag erhalten, obwohl es den Zweck, den inneren Hinterfuß zum vermehrten Vor- und Untertreten anzuregen, keineswegs erfüllt. Dergleichen Mißinterpretationen gibt es noch zahlreiche. Wir werden auf solche noch eingehen.

Für die Schulung deines Pferdes ist wichtig: Es gibt beim Leichttraben keinen richtigen und keinen falschen Fuß! Es kommt auf die

Situation an. Hast du ein sehr gehfreudiges, auf Hilfen sehr empfindlich reagierendes Pferd, das im Mitteltrab in einer Wendung dazu neigt anzugaloppieren, dann trabe auf dem äußeren Vorderfuß. Bleibt es aber freundlich im Trab, so trabe auf dem inneren Vorderfuß, weil du dadurch den inneren Hinterfuß zum besseren Vor- und Untertreten in einer Wendung anregen kannst. Es ist wirklich einfacher, als es sich liest. Ich schreibe das nur so eingehend, weil es einfach zum Grundwissen gehört.

Die Zwickmühle, in die Lehrer und Lehrbücher geraten, liegt darin, daß unentwegt versucht wird, den leichten Sitz aus dem Dressursitz zu entwickeln. Das geht einfach nicht!

Warum geht es nicht? Überlege dir, daß im gestreckten Sitz die Schwerlinie Schulter/Sitz *im* Sattel tiefer Absatz bedeutet, während im korrekten leichten Sitz die Schwerlinie Schulter/Fundament darstellt! Das ist das Gewichtsdreieck, welches durch gut zurückgenommene Hüften zur Wirksamkeit kommt.

Der Kopf des Reiters ist leicht angehoben, um den Blick nach vorwärts zu erhalten und die zurückgenommenen Hüften – nah am Sattel bleibend! – als „Ausleger" verwenden zu können. Darum ist jedes *willentliche* Erheben des Gesäßes falsch und sinnlos; denn das Gewicht ist durch die tiefgenommenen Schultern an der schwächsten Stelle des Pferderückens verschwunden, wenngleich die Hose noch *am* Sattel bleibt. Die Hände bleiben in natürlicher Stellung am Pferdehals und sichern dort den Reiter und eine stille Geradehaltung von Pferdehals und Kopf zwanglos ab.

Weil sich das alles bei den Bewegungsabläufen mit dem sich dauernd verändernden dynamischen Schwerpunkt deckt, bist du in jeder Situation synchron mit dem Pferd.

Ein Skiläufer im alpinen Abfahrtslauf kann auch nicht aufgerichtet auf seinen Brettern stehen, das ist sonnenklar. Es ist also auch sinnlos, den leichten Sitz mit zu langen Bügeln reiten zu wollen, weil es damit unvermeidbar wäre, *vor* die Schwerlinie zu kommen. Lange Bügel, kombiniert mit dem leichten Sitz, werden immer vorderlastig sein und ruinieren deshalb auf Dauer gesehen die Vorderbeine des Pferdes.

Der falsche leichte Sitz wird nur gelehrt, wenn statische Faktoren mit dynamischen Faktoren in einen Topf geworfen werden. Das ist das, was ich in meinen Kursen erkenntlich zu machen suche, wenn ich sage, man sollte nicht Aspik mit Pik-As verwechseln.

Niemals darf das Chiron-System, das auch auf diesen soeben genannten Gedanken ruht, zum System einer antiautoritären Erziehung ausarten! Nur muß die Ausbildungsart das Pferd *für* den Reiter gewinnen. Der Gehorsam soll aus dem Vertrauen erwachsen und nicht aus dem Drill. Er soll dem Pferd zur zweiten Natur werden. Zu erklären, wie das geschieht und wie man das erreicht, ist Zweck dieses Buches.

2. Reflexbahnen

Wer bisher schon meine Artikel gelesen hat, wird mit dem Begriff „Reflexbahnen" annähernd vertraut sein. Das Chiron-System ist ohne ein Wissen darum nur ein Bruchstück, und alle Chiron*-Ausbilder wissen mit diesem Begriff umzugehen. Es dreht sich dabei um die dritte fundamentale Säule der Ausbildung: **Innervation**. Wir erinnern uns: Das zentrale Nervensystem arbeitet zweizügig auf dem motorischen und dem sensiblen Weg, das vegetative Nervensystem ebenso zweizügig auf dem sympathischen und dem parasympathischen Weg. Man muß sich das so vorstellen, daß die Nerven miteinander und untereinander ein Netz bilden, aus dessen „Vernetzung", je nach dem Arbeitsplan, ein erfolgreiches oder mangelhaftes Resultat entsteht. Die deutsche Reitlehre, die Richtlinien und Leitfäden wissen darüber nichts auszusagen. Das Chiron-System basiert auf der Kenntnis der Ganzheit (Entität) eines Lebewesens und hütet sich daher, aus dem Pferd einen mechanischen Hilfenschaltkasten zu machen. Alles, was im Ausbildungswesen mit „psychologisch" betitelt wird, ist unkorrekt, nachlässig.
Sobald im Laufe der Ausbildung Probleme auftauchen, werden fast immer Regressionen auf „Dressur" angestrebt, weil die „Vernetzung" im Hirn des Reiters, Lehrers, Trainers durch seine persönlichen „Dressate" schon vorprogrammiert ist.
An der Gabelung der Denkleistung des Reiters (etc.) springt der Gedankengang *zwangsläufig* auf das Dressur-Programm um und setzt die physisch *und* psychisch eingepaukten Reflexe in Aktion. Nur Umdenken vom mechanischen Denkprozeß auf den naturnahen Ablauf bringt die Lösung des Problems.
Nachdem durch Jahrhunderte hindurch das Pferd zum Kriegsdienst gebraucht wurde, war die Dressur das einzig Richtige, um eine Kavallerie zu haben, die kriegseinsatzfähig war. Dazu mußte das Pferd diesem Dienst unterworfen werden, und damit es sich das gefallen ließ, mußte die „Persönlichkeit Pferd" ebenso wie die „Persönlichkeit Mensch" dazu dressiert werden.
Wenn die klassische Dressur auch heute noch gepflegt wird, so hat das seine volle Gültigkeit. Darum ist auch heute noch Wien oder Saumur als Pflegestätte klassischer Dressur voll anzuerkennen. Wenn aber jeder Dressurreiter lediglich darum auf Turnieren A- und L-Dressur reiten will, um dann auch mal an einem Parcoursspringen oder gar einer Military teilnehmen zu können, so ist das ein vollkommener Irrtum.
Gerade ein Freizeitreiter, der fröhlich durchs Gelände reiten und dann auch mal auf einem Turnier zeigen will, daß er das stilistisch besser kann als mancher Crack, wird viele Haare in der Dressur-Suppe finden.
Ein gutes Dressurpferd wird nur dann konstante Erfolge in Dressurprüfungen haben, wenn es seine Aufgabe in restloser Aufmerksamkeit auf die Hilfengebung seines Reiters löst. Das heißt im Klartext: wenn es total abhängig von den Hilfen des Reiters ist.

Rechts oben:
Ein Musterbeispiel für desorientierte Reflexbahnen

Rechts unten:
Wenn die Reflexbahnen richtig geschult sind, kann das Pferd sich auch bei einem Rumpler über einen 1,30 m hohen und 1,70 m weiten Oxer helfen (Autor auf Sabrina).

---

* Chiron-Ausbilder sind geschult, Pferde und Reiter pädagogisch korrekt im Reiten über Hindernisse (Spring-Grundschule) zu unterrichten. Wissen über Anatomie, Psychologie und Innervation sind dafür Voraussetzung, Basis ist das Caprilli-System.

Im Gelände und über Hindernisse muß das Pferd aber lernen, weitgehend selbständig zu bleiben, zwar den Anweisungen seines Reiters zu folgen (Was soll ich tun?), nicht aber für jede Beinbewegung eine Hilfe zu erwarten. Dies (Wie soll ich es tun?) soll es in der Spring-Grundschule erlernt haben. Daraus ergibt sich, daß man sich hüten muß, aus dem Pferd einen mechanisierten Hilfenschaltkasten zu machen.

Naive Angst zeitigt desorientierte Reflexbahnen. Ein Pferd ist zum Beispiel in einem schweren Springen gegen eine gewaltige Mauer geritten worden. Es ist mit dressurmäßigen Maßnahmen (Spring-Dressur anstatt Spring-Schulung!) auf die Hilfengebung des Reiters eingestellt. Der Reiter treibt gewaltig gegen das Hindernis. Die Absprung-Distanz hat aber nicht gestimmt, deshalb wird ein mörderischer Volltreffer aus der Situation.

Was geht im Pferd vor? Es hat bestimmt gemerkt, „das geht nicht gut", und wäre aus gesundem Pferdeverstand stehengeblieben, weil es eben „nicht paßte". Es war aber „springdressiert", um im absoluten Gehorsam zu stehen. Nun tritt eine kritische Situation in den Brennpunkt des Geschehens. Das Nervensystem revoltiert, denn die naive Angst wird vom Dressat „Du mußt" energisch überdeckt. Das Pferd steht im kritischen Moment, den der englische Psychologe James „the bursting point" nennt. Nun ist es geschehen. Das naive Pferd (siehe dort) folgt dem Dressat, wodurch es eine natürliche Reaktion nicht mehr ins Pferdebewußtsein zurückrufen kann. Die desorientierten Reflexbahnen finden keinen Ausweg mehr. Das Unheil beherrscht den Augenblick. So einfach ist das, wenn man gelernt hat nachzudenken.

Wie bilden sich nun diese Reflexbahnen?

Wenn ein Pianist (mit musikalischer Begabung, Einfühlung in das musikalische Werk, das er spielen soll) durch viel fleißiges Üben seiner Fingerfertigkeit so weit gekommen ist, daß er ein Klavierkonzert auswendig (besser gesagt inwendig) vortragen kann, dann laufen seine Finger automatisch auf die Tasten zu. Er hat es so weit gebracht, daß „es" aus ihm spielt.

Er ist zum Meister seines Fachs geworden. Was ist geschehen? – Sein Wissenszentrum im Hirn braucht nicht mehr darüber nachzu*denken,* was nun kommt und welche Finger jetzt „dran sind". Seine Reflexbahnen sind perfekt geschult. Die Tonfolge, das Motiv und alle Passagen brauchen keine Anweisungen durch das Hirn mehr. Die augenblickliche Situation wird durch die Vernetzung des Nervensystems gemeistert.

Auch beim Tier sind diese elementaren Gesetze der Natur vorhanden, wenn man dem Tier die Möglichkeit gibt, sie zu nutzen. Aus dem Buch von Frederic Vester „Denken, Lernen, Vergessen" (Deutscher Taschenbuch Verlag – dtv Sachbuch), das ich meinen Schülern zu studieren empfehle, möchte ich hier folgendes Zitat anführen:

Bevor wir Bewegungen automatisch ausführen können, müssen sie in der Großhirnrinde als Programme fest verankert sein. Bis das soweit ist, laufen die entsprechenden Impulse immer wieder über die gleichen Bahnen zum Großhirn. Erst nach einer längeren Einübungszeit werden sie automatisiert und gewinnen dann an Exaktheit, werden fließend und sicher. Das Großhirn wird entlastet.

Wahrnehmungen werden dann direkt an die motorischen Nerven weitergeleitet und unmittelbar in Bewegungen der Muskeln umgesetzt, ohne die grauen Hirnzellen zu belasten.

Das sind Vorgänge, die jeder Mensch (z.B. beim Autofahren) an sich selbst beobachten kann. Wir sind nun durchaus in der Lage (Chiron-Idee), unseren Pferden die Chance zu geben, das zu lernen, wozu natürlich entweder angeborene Begabung oder zielstrebige Beharrlichkeit des Reiters, die eigene Intelligenz zu schulen, vonnöten ist. Wir dürfen dabei niemals vergessen, daß das Pferd – wie alle höher entwickelten Tiere – *naiv* ist und zeit seines Lebens auch bleibt. Wenn wir mit Pferden in der Ausbildung etwa so umgehen, wie wir es mit Kindern tun würden, die 4 bis 6 Jahre alt sind, haben wir als Lehrer unserer Pferde das Richtige getroffen.

Wenn man Kinder dressiert, bleiben sie lebensuntüchtig. Man muß sie schulen und sie in ihre Lebensaufgaben hineinwachsen lassen.

Es ist so erstaunlich einfach, diese Gedanken auch auf das Pferd zu übertragen, wenn man sich von dem Dressat freigemacht hat, das Pferd zum Hilfenschaltkasten machen zu müssen.

Kommandos von Reitlehrern wie: Energisch hinsetzen – rantreiben an den Zügel – jetzt nachgeben – jetzt aufnehmen – jetzt energische Parade und ähnliche verstaubte Lernpraktiken, sind unentwegte Anweisungen, um den Schaltkasten Pferd zu beherrschen. Wenn man sich bemüht, den Naturgesetzen nachzuspüren, wird eine Verbesserung des Springstils möglich sein.

Wer die Entität nicht erkennen kann oder will, wird auch den Begriff „Rhythmus" nicht erkennen. Rhythmus-Reiten habe ich in den Lehrplan einbezogen, weil es ein Grundelement der umfassenden Chiron-Idee ist, aus dem die Harmonie hervorwächst. Keinesfalls darf versucht werden, durch mechanisches Gasgeben und Bremsen das zu erreichen, was ich unter Rhythmus verstehe, wenngleich das auf dem Boden der üblichen Reitlehre gedanklich sehr nahe liegt.

Chiron-Ausbilder wissen das und lenken ihr Ausbildungssystem von Anbeginn in die naturnahe Richtung. So schwierig, wie das in meinen Ausführungen zu Beginn dieses Kapitels erscheint, ist es keineswegs, wenn sich gesunde Menschen-Vernunft mit gesundem Pferde-Verstand vereinigt.

3. Mach' dich bekannt mit deinem Pferd – Aufsitzen und Schritt

Wie weit reagiert dein Pferd schon auf Gewicht und antreibende Schenkelhilfen? Nimm eine Gerte mit und schau, ob es sich damit abstreichen und leicht abklopfen läßt. Wenn ja, ist es „peitschenfromm" und hat keine Angst. Wenn nein, mußt du ihm vorsichtig klarmachen, daß es keinen Grund hat, nervös zu werden. Nun wendest du treibende Schenkelhilfen an, die du je nach Ergebnis mit der klopfenden Gerte unterstützt. Sobald das Pferd im Schritt angetreten ist, sorgst du für zügiges Ausschreiten, indem du in die Bewegungsphasen des Schrittes jeweils deinen linken oder rechten Unterschenkel an den Pferdeleib anpendeln läßt. Dazu mußt du folgendes wissen: Schritt ist eine Viertakt-Bewegung, wie es in jedem Reitbuch auch mit Zeichnungen dargestellt ist. Das ist interessant, nützt dir aber für die Schritthilfen nichts. Das, was du fühlst, wenn du dich entspannt im Sattel verhältst, macht sich als Zweitaktgefühl bemerkbar – links-rechts, links-rechts und so fort. Fühlst du das nicht, schließ die Augen, dann spürst du es sofort.
Dieses vom Pferd dir zum Fühlen angebotene „links-rechts" unterstützt du nun, wenn nötig, durch verstärktes Anpendeln der Beine, also durch eine verstärkte Aufforderung, fleißig und zügig auszuschreiten. Das ist das Geheimnis, einen raumgreifenden, taktreinen Schritt zu erzielen. *Niemals* mit beiden Beinen zugleich den Schritt treiben wollen! Es wäre eine Sünde gegen den Bewegungsablauf und eine Irritation der Reflexbahnen. Der Schritt würde hastig anstatt raumgreifend-zügig oder sogar zackelig werden. Augenkontrolle, ob du aus deinem Sitz richtig gefühlt hast: Schau auf die Schulter des Pferdes – wenn die linke Schulter auf dich zukommt, pendelt der linke Schenkel an und unterstützt das weitere Vortreten des linken Hinterbeines, und sinngemäß bei rechts. Das ist das Zweitaktgefühl. Wenn ein Pferd auf dem Pflaster oder auf Holzboden Schritt geht, *hörst* du zwar den Viertakt, aber du fühlst nur den Zweitakt der mitschwingenden Rumpfbewegung des Pferdes. Beim Abfußen des jeweiligen Hinterbeines ist deine korrekte Anregung zur Förderung eines raumgreifenden Schrittes erforderlich. Klopfen mit beiden Beinen gleichzeitig würde den Schritt verderben!
Weil der Schritt – im Gegensatz zum Trab, Galopp und Sprung – eine schreitende Bewegung ohne Schwung aus der Hinterhand darstellt, sitzt du mit aufrechtem Oberkörper im Sattel. Den korrekten leichten Sitz kannst du nur in schwungvollen Bewegungen auch zum Treiben ausnützen!
Im Schritt kannst du die Bügel loslassen und dann aufrecht, mit langen Beinen, dem Pferd die Impulse leichter verständlich machen. Zwei Ausnahmen für Schritt *auch* im leichten Sitz sind das Bergauf- und das Bergabreiten (siehe Kapitel 19 und 20).
Nimm dir in dieser ersten Stunde Zeit, um herauszubekommen, wie weit dir dein Pferd aufmerksam folgt. Gehe dann zu Wendungen im Schritt über, und wenn das zur Zufriedenheit gelingt unter Beachtung deiner Hilfen aus Sitz und Schenkeln, probier aus, ob es auch seitwärtstreibende Hilfen befolgt oder sogar eine Wendung um die Hinterhand (recht oder schlecht) gelingt. Nur die Elemente soll das Pferd begreifen lernen, die Exaktheit kommt später. Alles das geschieht mit einem Minimum an Zügelanwendung! Das Pferd soll jetzt nur auf Sitz und Schenkel willig folgen lernen.

So sieht ein entspannter, raumgreifender Schritt am weich aufgenommenen Zügel aus (Reiterin im Dressursitz).

Je besser du dein Pferd vom Zügel freireitest, um so besser wird es dir später *am* Zügel gehen!

Jedes Geschöpf braucht zum Lernen genügend Zeit, darum nütze den Schritt aus, dem Pferd Zeit zu lassen. Er ist die Basis des Chiron-Systems, aus der heraus sich der Fortschritt von selbst ergibt.
Je sicherer du das Verständnis auf Gewichts- und Schenkelhilfen mit einem Minimum von Zügelhilfen aufbaust, um so zuverlässiger wird es in Zukunft in allen Gangarten und über Hindernisse mit dir arbeiten. Je mehr du mit Händen und Zügeln herumwerkelst, um so mehr wird es dann schlechtrittig sein.

Mach in dieser ersten Stunde nur diese Schritt-Studien und nicht (weil alles so gut ging) etwas Neues. Das ist ein psychologisches Gesetz. Sitz ab und gib deinem Pferd bis zum nächsten Tag Zeit, das Gelernte zu verarbeiten. Du hast nun ein ausgezeichnetes Lehrfundament, auf dem du jetzt und in Zukunft solide und sicher weiterarbeiten kannst.
Dieser Gedanke zieht sich durch die ganze Ausbildung bis zum Ziel, das dir vorschwebt, weil du damit ein selbständig mitarbeitendes Pferd bekommst, das unter deiner reiterli-

chen Anweisung folgsam das tut, was du willst, ohne zur hilfenhörigen Marionette zu werden. Es wird eines Tages im Sport ohne Widersetzlichkeit dein Partner sein.

Was tun, wenn es nicht recht klappt?

Allererste Grundüberlegungen bei Schwierigkeiten und Rückschlägen: Bin ich zu schnell vorgegangen, weil alles so verhältnismäßig gut funktionierte? Habe ich mein Pferd überfordert? Habe ich zu wenig Geduld gehabt? Denn der Grundsatz lautet:

Geduld haben heißt warten können, bis das Pferd verstanden hat.

Selbstverständliche Erwägung: Ist mein Pferd unpäßlich oder krank? Bitte begehe nicht den üblichen Fehler, der Einfachheit halber dem Pferd die Panne anzulasten. Wenn das Pferd verstanden hat, was du willst, tut es das auch, und wenn es irgend etwas „verweigert", so liegt der Grund bei dir! Wirklich geschulte und nicht springdressierte Pferde bleiben stehen, wenn sie aus irgendwelchen Gründen mit der gestellten Aufgabe nicht fertig werden. Dann verweigern sie aber nur den Reiter in seiner fehlerhaften Ausdrucksweise. Erkenne, daß Verweigern etwas ganz anderes ist als Stehenbleiben.

Trotzig verweigern, um dem Reiter eines auszuwischen, ist einem Tier nicht gegeben, weil es naiv ist.

Wenn du bei deinem Pferd von Verweigern sprichst, hast du nur zuwenig Selbsterkenntnis und weder Kenntnis von Tierpsychologie noch von Innervation.
Hast du Schwierigkeiten bei diesen einfachen Anfangsübungen, übe dich in Geduld und fang, wenn es in den ersten Lektionen irgendwelche Pannen gibt, wieder bei Null an. Dieser Geduldsweg ist nicht nur der beste, sondern auch der schnellste (Lob nie vergessen).

4. Trab und Leichttraben

Lies den Abschnitt über den korrekten, effektiven leichten Sitz nochmals gut durch und wende ihn sinngemäß an. Trab ist ein eindeutiger Zweitakt. Die Fußfolge kannst du in jedem Reitlehrbuch mit Abbildungen sehen. Beim Leichttraben, das du grundsätzlich in der Grundschule anwendest (solange du es noch nicht im Gefühl hast), zählst du mit: eins – und, eins – und – usw. Dabei bist du bei „eins" am Sattel (mit dem Inneren deiner Oberschenkel und dem Bekken – bei zurückgenommenen Hüften und mit der Schulter über deinem Fundament Knie/Wade/Fuß mit den Händen am Hals) und läßt dich von der Trabbewegung bei „und" anheben. Gerade nur so viel, wie das Pferd dich hochbringt, ohne etwa noch höher aufzustehen!

Nun sorgst du für taktmäßiges, rhythmisches Traben. Achtung! Du wirst erfühlen, daß beim Niederkommen in den Sattel (also bei „eins") deine Unterschenkel automatisch an den Pferdeleib kommen und beim Anheben (also bei „und") locker werden. Der treibende Impuls für den Trab kommt daher zur Wirkung beim Niedersitzen, und das nützt du zum energischeren Treiben aus, wenn es nötig wird.

Deine Hände stehen mit Zügelkontakt am Pferdehals, um Takt und Rhythmus zu überwachen, ohne eine stramme Einwirkung,

Übung für den unabhängigen leichten Sitz im Trab. Bei korrekter Grundschule trägt sich das Pferd selbst (hier ein Rekener Schulpferd).

etwa, um die Hals-/Kopfhaltung zu beeinflussen. Wenn dein Pferd alles bis hierher verstanden hat, *stellt es sich selbst ein* in die Form, die du *niemals* zum Selbstzweck machen darfst. Diese Form des am Zügel stehenden Pferdes kommt eines Tages ohne aktive Aufforderung von selbst.

Das Pferd stellt sich bei korrekter Grundschule selbst ein. Niemals soll der Reiter sein Pferd mit den Zügeln aktiv einstellen! Kurz: Nicht der Reiter stellt das Pferd ein, sondern das Pferd stellt sich am Reiter ein!

Wenn du das alles erkannt und erfühlt hast, sorgst du wieder für die Erhaltung der Elemente „Fundament und Rhythmus" und versuchst, diese auch in Wendungen zu erhalten. Bist du mit dem Ergebnis zufrieden, gehst du über zum Wechsel von Schritt zu Trab und Trab zu Schritt. Dabei lernt das Pferd das, was man „halbe Paraden" nennt. Eine ganze Parade führt ja zum Halt. Der Ausdruck „halbe Parade" ist für den lernenden Reiter unverständlich. Er muß daher zunächst wissen, daß auch nur ein leichtes Verändern der Gangart als „halbe Parade" verstanden werden soll. Es gibt eben auch viertel, achtel, sechzehntel Paraden. Wie wird dosiert? Beim Geben irgendeiner dieser Paraden wird eine Hand mit Zügelkontakt am Hals des Pferdes aufgestellt, während die andere das Maß angibt – eventuell bis zum Halt.
Bitte vermeide um jeden Preis den gravierenden Fehler, eine Parade mit hochgenommenen Händen und mit Einsitzen bei aufgerichtetem Oberkörper zu geben!
Warum?
Die Antwort lautet: Da das „Einsitzen" im Rücken außerordentlich treibend wirkt, während zugleich die Zügelbremse das Gegenteil erreichen will, kann ein Pferd nicht verstehen, was man von ihm will. Es reagiert also nervös und je nach Temperament widerspenstig! Wichtig: Leite die Parade der Zügel über den Winkel in deiner Hüfte zu deinem geschulten Fundament (Knie/Wade/Fuß), dort sitzt der parierende Gegenpol!
Nun kommen wir zurück auf die Geschichte mit dem sogenannten richtigen Fuß, auf dem leichtgetrabt werden soll. Es ist gar nicht so leicht, das folgerichtig zu durchdenken, sonst würde man nicht heute noch darüber streiten.
Wenn du in der Reitbahn bist, gibt es ja immer in Ecken, Zirkeln oder Volten eine innere Seite. Da muß das Pferd, um nicht über die äußere Schulter (da ja der Vorwärtsimpuls von der Hinterhand ausgeht) nach außen getrieben zu werden, mit dem jeweils inneren Hinterbein mehr vorwärts- und untertreten. Bei einem Auto besorgt das das Differential, sonst würde es in der Kurve über das äußere Vorderrad nach außen geschoben werden. Daher mußt du beim Pferd den inneren Hinterfuß zum deutlichen Vor- und Untertreten veranlassen.
Der treibende Impuls deines jeweiligen Unterschenkels kann aber nur das (innere) Hinterbein beeinflussen, wenn es den Boden verläßt und die Bewegung nach vorwärts beginnt. Wenn es den Boden betritt, hat es das ganze Gewicht zu tragen und kann daher dem Impuls nicht folgen.
Beim Leichttraben wird das Vor- und Untertreiben des inneren Hinterbeins dann erfolgen, wenn dein Schenkel zum Treiben kommt – also in der Phase eins, beim Niedersitzen. Die Fußsetzung im Trab ist diagonal. Das Pferd betritt den Boden gleichzeitig mit dem äußeren Vorder- und mit dem inneren Hinterbein. Willst du den inneren Hinterfuß mit deinem inneren Schenkel im richtigen Moment „erwischen", mußt du mit deiner Hilfe diesen Hinterfuß beim *Ab*fußen treffen.

Wenn es nicht recht klappt:

Geht dein Pferd uninteressiert, fahrig, zakkelig oder beginnt mit Hals und Kopf zu

So sollte es nie aussehen!

schlagen, so geh auf einen geregelten Zokkeltrab zurück und sprich mit ihm. Reite nur im korrekten leichten Sitz, damit du Rükkenspannungen vermeidest, die in diesen Anfangslektionen leicht auftreten. Jedes Aussitzen im aufrechten, gestreckten Sitz provoziert geradezu diese Unarten. Du müßtest alsbald zu Zwangsmaßnahmen übergehen, um dich „durchzusetzen", womit du dir die Basis deiner Grundschule zerstörtest. Beginne möglichst gleich mit dem Leichttraben (Hüfte zurück, Schulter tief über dem dynamischen Schwerpunkt, Hand am Hals!). Wenn das Pferd dann nicht zufriedenstellend versteht, was du willst, hör auf mit dem Leichttraben und schwing die Trabbewegungen in genau diesem Sitz, ohne im Bügel aufzustehen, ab. Wenn du selbst noch ungeschult bist, ist das recht anstrengend; später macht dir das nichts mehr aus.

Mach Pausen im Schritt (für dich und das Pferd), damit du nicht in Streß gerätst, denn darin ist die Brutstätte allen Übels zu suchen. Wenn es gut war, hör auf. Absitzen, Lob, ab zum Stall oder auf die Weide. Morgen ist auch noch ein Tag.

5. Wendungen reiten

Im Schritt bleibst du mit aufrechtem Oberkörper sitzen, weil Schritt eine schreitende Gangart ist und der Schwung der Trab-, Galopp- oder Sprungbewegung nicht zur Verfügung steht. Im Schritt auf ebener Erde kann man die Hinterhand nur aus der tief im Sattel befindlichen Sitzposition beeinflussen.

Wohlgemerkt *auf ebener Erde,* denn bei Schritt bergauf oder bergab mußt du in die „Leichte-Sitz-Position" gehen, um die Rükkenarbeit des Pferdes nicht zu beeinträchtigen! Darüber sprechen wir später, wenn das Klettern abgehandelt wird. In der Grundschule des Pferdes gibt man also seine Hilfen aus der „Leichten-Sitz-Position" heraus. Dafür setzt man sein Sitz-Fundament (Knie/Wade/Fuß!) ein, um das Pferd damit quasi *einzuschließen* – auf der Geraden liegen beide Beine dicht am Gurt, in der Wendung liegt das innere Bein am Gurt und das äußere entsprechend hinter dem Gurt, der Oberkörper mit der Schulter in der Lotrechten Schulter/Knie/Wade/Fuß, wobei die Schultern sich in die jeweilige Wendung mit hineindrehen. Auf diese Weise ist man, als wäre man ein Teil des Pferdes, in die Dynamik der Wendung eingeschlossen.

Kurz gesagt nochmals: Innerer Schenkel am Gurt, äußerer Schenkel hinter dem Gurt; innere Schulter zurückgenommen, äußere Schulter vorgenommen. Damit sind deine Schultern gleich mit den Pferdschultern und deine Hüften und Beine gleich mit Hüften und Beinen des Pferdes, völlig synchron mit der Bewegung des Pferdes.

Jetzt kommen wir zu den Händen und Zügeln, die immer nur dann sinnvolle Wirkung haben, wenn die Position des Reiters in Ordnung ist. Du bist im korrekten leichten Sitz und hast die Hände am Pferdehals dort, wo der Hals aus den Schultern des Pferdes herauskommt, und nicht am Pferdehals nach vorwärts geschoben in Richtung Ohren! Das würde das gesamte Sitzfundament

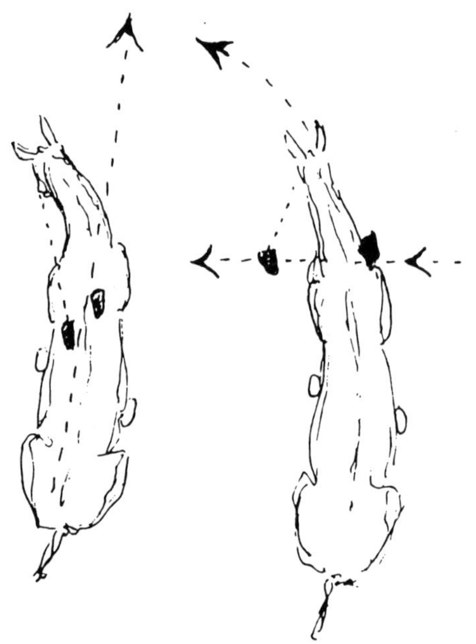

Das Reiten einer Wendung: links die falsche, nach rückwärts wirkende Handeinwirkung, rechts die richtige mit der öffnenden und der seitwärts drückenden Hand.

zerstören. Wenn du der Dehnungshaltung des Pferdehalses mit den Händen folgst, müssen die Hände stets in Richtung Maul, aber niemals in Richtung Ohren, geschoben werden!

Nun zur Wendung in bezug auf Hände und Zügel: Du wendest mit einer seitwärts drükkenden Hand, die am Hals bleibt und in die Wendung drückt, und mit einer öffnenden Hand, welche die Größe der Wendung überwacht (siehe auch Kapitel 12). Diese öffnende Hand wirst du bei einem noch wenig geschulten Pferd ziemlich weit seitlich führen müssen, so als wolltest du das Gebiß der Zäumung seitlich herausziehen, während die kontakthaltende, seitlich drückende äußere Hand den Gegenpol darstellt. So vermeidest du, daß dein Pferd in höherem Tempo über die äußere Schulter geradeaus weiterdrängt. Würdest du mit dem inneren Zügel die Wendung reiten wollen, indem die innere Hand, anstatt zu öffnen, nach rückwärts zieht, würde das Pferd einen krummen Hals machen und trotzdem geradeaus vorwärtsdrängen.

Je fortgeschrittener dein Pferd in der Grundschule ist, um so weniger öffnende Hand wirst du brauchen und um so leichter wird dein Pferd aus der Sitzposition und der seitlich drückenden Hand in die Wendung eingehen, bis du kaum mehr sichtbar zu öffnen brauchst. Dann hast du schon ein sehr rittiges Pferd! Wie wichtig das alles ist, um es aus der Theorie in die Praxis umzusetzen, wird in den folgenden Kapiteln eindeutig klar werden.

Wenn es nicht recht klappt:

Hast du an alles gedacht, was in diesem Kapitel steht, wird es dir leichtfallen, Wendungen flüssig zu reiten. Wenn nicht, mußt du anfangs mehr öffnenden Zügel anwenden (vergiß nicht die seitwärts drückende Hand, denn die soll dein Pferd ja begreifen lernen), was später in stärkeren Gangarten auch nötig werden kann. Denk daran, daß alles das nur Sinn hat, wenn du mit Fundament und Sitzposition in die Wendung reitest! Dort wird *dein* Fehler liegen, wenn du Schwierigkeiten bekommst.

Nach ruhigem Zirkelreiten, Zirkelverkleinern, Volten, Schlangenbögen und Achten hast du das bald in Ordnung. Du erkennst es, wenn du probeweise einmal Wendungen nur aus der Sitzposition mit der seitwärts drückenden Hand ohne öffnenden Zügel reiten kannst. Dann hat dein Pferd den Sinn verstanden. Erinnere dich, daß der öffnende Zügel seitlich und niemals rückwärts (auf den Sattel zu) wirken muß, wenn du in verstärktem Tempo reitest, da sonst dein Pferd über die äußere Schulter abtreibt! Dort ist der Fehler zu suchen, falls bei Wendungen Schwierigkeiten auftreten.

6. Wendemarken, Fänge, Cavaletti – Vertrauensbildung

Während der grundlegenden Trabarbeit baust du in dein Programm schon allerlei Sachen ein, die bei deinem Pferd Interesse an der Arbeit erwecken. Dieses Interesse-Erwecken ist ungeheuer wichtig. Durch eintöniges Werkeln in der öden Reitbahn fühlt sich dein Pferd nämlich sehr bald gelangweilt. Du mußt es auch in seinem psychischen Wachstum fördern! Du willst es ja nicht zu einem dressierten, auf deine „Hilfen" reagierenden Roboter, der einem lebenden Schaltkasten ähnlich wäre, ausbilden, sondern zu einem adäquaten Lebewesen, das einmal dein Partner wird.

Das Labyrinth ist ein wunderbares Mittel, Pferden Abwechslung und damit Interesse an der Arbeit zu verschaffen.

Stell dir in die Reitbahn hier und dort Fänge, Gummihütchen (wie sie beim Straßenbau Verwendung finden), um die du herumreiten kannst, oder Cavaletti, Stangen und dergleichen und übe das Reiten von Wendungen damit. Zuerst im Schritt zum Bekanntmachen und dann im Trab. So lernt dein Pferd, neben der „Technik" auch seinen Verstand zu entwickeln.

Diesen Verstand, den du nie unterschätzen solltest (!), brauchst du dringend, wenn du einen Partner haben willst anstelle eines Hilfenschaltkastens. Damit bist du mittendrin in der Vertrauensbildung. Ja – Bildung. Denn als gebildeter Mensch mit Vernunft kannst du aus dem gewonnenen Vertrauen einen wachsenden Intellekt und wachsendes Verständnis für die Belange dessen, was du anstrebst, entwickeln. Du mußt nur über die Auffassungsgabe deines Pferdes nachdenken und danach handeln.

Pferde sind wie alle Tiere *naiv* und bleiben es ihr Leben lang. Wenn du also mit ihnen umgehst wie mit Menschenkindern im Alter von 4 bis 7 Jahren, triffst du immer das Richtige! Ich werde in diesem Buch an den wesentlichen Stellen immer wieder darauf hinweisen, damit du nicht in erlernte irrige Gedankengänge zurückfällst.

Zur weiteren Vertrauensbildung und zum Wecken des Interesses kannst du auch (an der Hand und unter dem Reiter) das von Linda Tellington-Jones erfundene „Labyrinth" benützen, das du aus acht Stangen auslegst, oder eine „Winkelgasse", die du vorwärts und auch rückwärts reiten kannst, wenn dein Pferd schon interessiert mitarbeitet. Durch all diese pferdegerechte „Psychagogik" schaffst du dir eine Ausbildungsbasis, die zuverlässig und sicher ist, weil das Anatomisch-Gymnastische mit dem Psychischen und der Innervation von Anbeginn gleichwertig behandelt wird im stufenweisen Aufbau der gesamten Schulung.

Je nachdem, wie dein Pferd, bei dem du

jetzt das Fundament für eine Partnerschaft baust, an Intelligenz zunimmt, wirst du feststellen, daß dieses System verhältnismäßig schnelle Fortschritte zeigt.
Warum?
Diese Frage ist „brisant". Weil du dein Pferd nicht mechanisch dressiert hast, sondern weil du die mentalen Möglichkeiten und nervlichen Eigenschaften deines Pferdes, die für das Training so ungeheuer wichtig sind, erkannt hast. Du hast deine Vernunft nicht in Fesseln legen lassen, sondern hast Beobachtungsgabe zu einem klaren Unterscheidungsvermögen von sinnvoll und sinnlos entwickelt. Dort liegt dein Erfolg, den dir dein Pferd nun bescheinigt. Wir werden beobachten, was geschieht, wenn es weiter gut geht oder wenn eine Panne, ein Mißgeschick oder ein Rückschlag eintritt, und was du dann zu tun hast.

Wenn es nicht recht klappt:

Arbeite in der Grundschule *nie ohne Fänge,* weil du Rückschläge in der Vertrauensbildung bekommst, wenn du mit den Zügeln dein Pferd beim Lernen störst. Anweisungen geben: ja, aber per Zügel in die Richtung zwingen: nein. Das ist der elementare, gravierende Fehler in dieser Lernperiode. Was unter Vertrauensbildung zu verstehen ist, hast du schon erkannt und kannst selbst deine Schlüsse ziehen.
Fehler, die dir bei der Cavaletti-Arbeit unterlaufen können, beruhen oft auf falschen Distanzen. Zu knappe Distanzen rühren aus einer falschen Grundschule her, wobei du dann ein Pferd bekommst, das durch Aussitzen im Trab nicht gelernt hat, aus dem Rükken zu gehen, und seinen langen Rückenmuskel spannt, weil es nicht gelernt hat, aus der Dehnungshaltung mit der Hilfe seines Nackenbandes zu arbeiten. Du mußt also deinem Pferd verständlich machen, daß du genau *das* willst, woraus dann alles weitere automatisch entsteht.

Die korrekt sitzende und einwirkende Reiterin erlaubt dem Pferd eine optimale Dehnungshaltung.

Reite im Trab niemals über hochgestellte Cavaletti, die du nur für Galopparbeit anwendest!
Fehlerquellen können sein:

1. falsche (meist zu enge) Distanzen der Cavaletti;

2. dein Pferd hat schon in der Grundschule die Dehnungshaltung nicht erlernt und kann die geforderte Distanz nicht bewältigen, weil seine Rückenmuskulatur noch nicht geschult oder durch schlechtes Reiten verdorben worden ist;

3. dein rhythmisches Empfinden ist (noch) nicht so gut entwickelt.

7. Galopp, Rhythmik und Fußsetzung

Der Schwung der Bewegung im Galopp wird zum Treiben ausgenutzt.

Jetzt wollen wir uns aber mit der dritten Grundgangart, dem Galopp, bekanntmachen. Galopp ist ein Dreitakt. Die Fußfolge findest du wieder in jedem Reitlehrbuch mit Zeichnungen. Dieser Dreitakt macht sich dir aber nicht gefühlsmäßig bemerkbar mit ta-ta-tam, sondern mit tra – tam. Probier es aus!

Du bist wieder im korrekten leichten Sitz, und deine Hilfen kommen über dein Sitzfundament (Knie/Wade/Fuß) über den Hüftwinkel. So nützt du den Schwung der Bewegung zum Treiben aus, wie ein Kind, das eine Schaukel in der Schwingbewegung hält.

Wenn man einen Flachrennreiter mit den mehr als extrem kurzen Bügeln beobachtet, erkennt man, was damit gemeint ist. Er kann gar nicht aus dem „Sitz" treiben, muß aber, wenn er nach vorn kommen will, irgendwie treiben. Mit der Peitsche allein ist das gar nicht möglich, und das Pferd würde sehr schnell sauer werden, bis es schließlich gar nicht mehr in die Startbox geht, weil es weiß, was dann kommt. Er kann nur die Peitsche im geeigneten Moment zur vermehrten Energieentwicklung einsetzen, mehr nicht.

Du hast im korrekten leichten Sitz bei weitem längere Bügel und kannst das Pferd schon zwischen deinen anliegenden Oberschenkeln bis fast zum Becken „zwischen den Beinen" haben. Das gibt dir eine viel eindeutigere Möglichkeit, den Galopp flott vorwärts zu erhalten. So also reitest du mit dem Gefühl, als ob du dein Pferd zwischen

deinen Beinen unter dir durch vor deine Schenkel herausreiten wolltest. Somit hast du das Geheimnis gefunden, wie man den Galopp zwischen den Beinen und Händen beeinflussen und regulieren kann.
Um das zu studieren, reite dein Pferd im Arbeitstempo, lege dann eine Strecke im verstärkten Galopp zu, um dann wieder zum Arbeitstempo überzugehen. Dieser Wechsel in den Tempi gibt dir und deinem Pferd das reiterliche Grundelement, mit dem du später in einem Parcours oder in einer Q-Strekke elastisch und elegant die Aufgabe erfüllen kannst, ohne den Eindruck zu machen, daß du rüde herumfuhrwerkst. Dieser Eindruck entsteht nämlich (logischerweise) nur dann, wenn du andauernd zwischen leichtem Sitz und Dressursitz wechselst und dir damit einen „Pumpenschwengel-Stil" angewöhnst. Die im Stil guten britischen Gelände- und Springreiter nennen das treffend „the German hang-and-bang method".

Wenn es nicht recht klappt:

Hier werden keine besonderen Fehler auftreten, wenn du die genannten Elemente beachtest. Hast du dennoch Probleme, so liegt es am mangelhaften Rhythmus, und um den mußt du dich vorrangig bemühen!

8. Der Außengalopp – auch Contre- oder Kontergalopp genannt

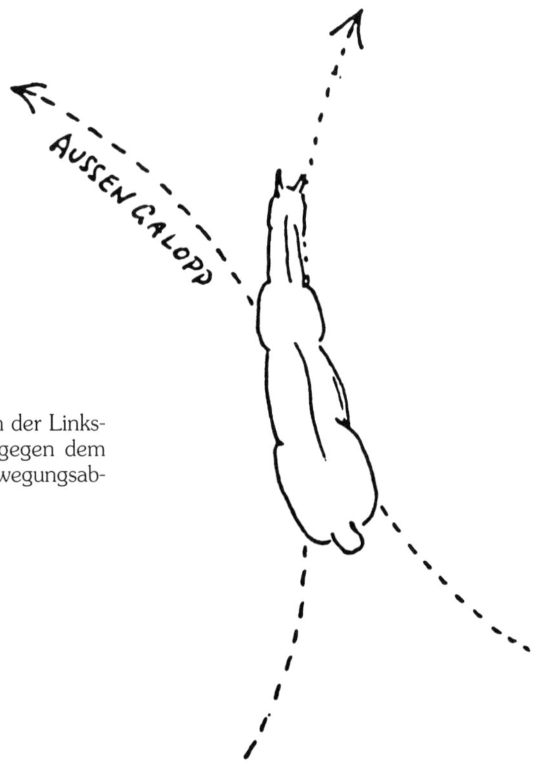

Rechtsgalopp in der Linkswendung – entgegen dem natürlichen Bewegungsablauf

Was ist das überhaupt?

1. Wenn ein Pferd Linksgalopp geht, so ist es in seiner ganzen Länge links gebogen, d.h. seine linke Hüfte und damit sein linkes Hinterbein greifen weiter vor als seine rechte, und seine rechte Schulter und damit sein rechtes Vorderbein greifen weiter vor als seine linke. Hals und Kopf sind dabei nach links gestellt. Das ist die naturgemäße Haltung des Pferdes, wenn es in einer Wendung linksherum geht. Rechtsgalopp ist daher analog umgekehrt. Wenn nun ein Pferd durch dressurmäßige Maßnahmen gezwungen wird, im Linksgalopp nach rechts zu wenden oder im Rechtsgalopp nach links, so nennt man das Außengalopp.

2. Der jeweilige Galopp (Linksgalopp, wenn es linksherum geht und Rechtsgalopp, wenn es rechtsherum geht) ist ein natürlicher Bewegungsablauf, der vom Menschen gefühlsmäßig nachvollzogen werden kann, wenn er z.B. – wie Kinder in einer

Spielschule – im Galopprhythmus tra-tam, tra-tam mit einer Hüfte und dem dazugehörigen Bein vor dem anderen und der entgegengesetzten Hüfte in die Wendung „hineingaloppiert". Wechselt der Mensch nun aus einer Linkswendung in eine Rechtswendung, ohne diese Stellung zu ändern, so galoppiert er im Außengalopp. Bitte versuche es mal, und du wirst sofort feststellen, wie widernatürlich das Gefühl ist, beim Außengalopp über das weiter zurückstehende Bein zu „galoppieren". Es geht geradezu widerwärtig über die Sehnenverspannung des Fesselgelenks, das die Konter-Stellung erdulden muß. Das ist beim Pferd nicht anders. Daß das aber beim Pferd im Parcourstempo oder im Tempo auf der Q-Strecke einer Military aufgrund seiner Widernatürlichkeit geradezu Sehnenverletzungen und folgende Unfälle provoziert, ist selbstverständlich.

Wenn ein Pferd im Rechtsgalopp in die Rechtswendung geht, kann das rechte Hinterbein naturgemäß weiter vor- und unterspringen. Wenn es nun im Rechtsgalopp in die Linkswendung geritten wird, steht das linke Hinterbein dem natürlichen Bewegungsablauf entgegen und wird in seiner Sehnen- und Gelenkkonstruktion überfordert. Selbst wenn es keinen direkten Schaden erleidet, wird die Trittsicherheit so stark behindert, daß in höherem Tempo sogar ein Sturz zu erwarten ist. Man wird sagen: ja – der Außengalopp soll ja nur im gemäßigten Tempo geritten werden. Schön, aber nicht gut; denn warum bringt man dann dem Pferd den Außengalopp überhaupt bei? Warum geht man nicht den logischen Weg und pflegt schon von klein auf den fliegenden Wechsel? Ich meine, die Verteidigung von alteingesessenen Privilegien ist keine Tüchtigkeit.

Der „fliegende Galoppwechsel" braucht keinem gesunden Pferd beigebracht zu werden, weil er ihm angeboren ist. Und damit sind wir mittendrin im Schwachsinn und der Zwangsvorstellung einer Reitlehre, die unentwegt den Außengalopp „übt".

3. Sobald das junge Pferd aus dem Aufga-

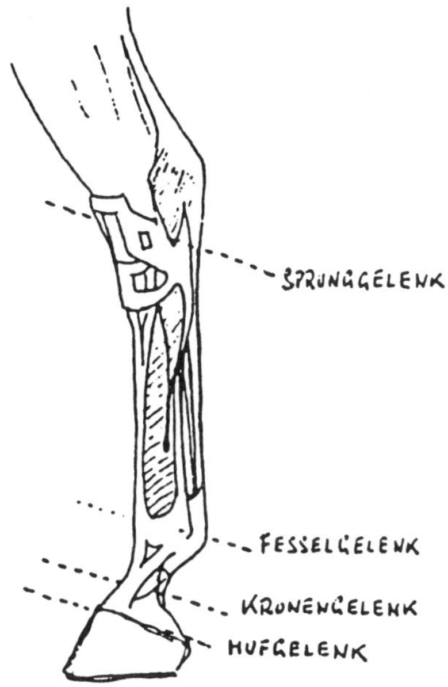

Ein Blick auf die Konstruktion des Hinterbeins eines Pferdes macht deutlich, wie sehr Sehnen und Gelenke in einer Wendung im Außengalopp überbeansprucht werden.

benkreis einer A-Dressur in den einer L-Dressur kommt, *muß* es nun den Außengalopp in der Wendung durchzuhalten erlernen. Pferde, die mit gesundem Pferdeverstand dabei umspringen, werden nun beim „Üben" nachdrücklich verwarnt und bestraft, bis sie den Außengalopp befehlsgemäß halten. Nun wird das Pferd, geduldig, wie es leider ist, für die M-Dressur vorbereitet. Dort muß es den fliegenden Galoppwechsel machen. Natürlich fürchtet sich das Pferd umzuspringen, weil es ja bisher immer nachdrücklich verrammelt worden ist. Auf einmal wird der fliegende Galoppwechsel zum Problem, obwohl der dem jungen Pferd und solchen, die niemals den Außengalopp eingedrillt bekommen haben, eine Selbstverständlichkeit ist. Es ist mir seit Jahrzehnten bis heute nicht gelungen, das verantwortliche Ausbildungsgremium zu dieser logischen Folgerung zu veranlassen.

4. Die erste Antwort auf meine Eingabe da-

zu lautete: „Das müssen sie eben können." Diese tiefgründige, nach langem Nachdenken geborene Begründung des Fachgremiums schien mir von so eminenter Tragweite, daß ich es schließlich aufgab und 1978 darum bat, mich von der Richterliste und aus der Vereinigung der deutschen Turnierrichter zu streichen.

5. Die Koalition der Selbstgerechtigkeit versuchte dann greifbarer erscheinende Begründungen zur Lebenserhaltung des Außengalopps ins traurige Spiel zu bringen, z.B. die Behauptung, der Außengalopp sei wichtig zum Geraderichten des Pferdes. Wer nicht in der Lage ist, sein Pferd ohne Außengalopp geradezurichten, sollte seine Reitkunst revidieren oder ein pädagogisches Armutszeugnis beantragen.

6. Wenn man Seitengänge im Trab reitet, wie z.B. einfaches Schenkelweichen, Schulterherein und Kontraschulterherein, Travers und Renvers, so ist das durchaus korrekt und entspricht der Fußsetzung im Trab, und jede Lektion hat da ihre Konter-Lektion. Nur im Galopp ist eine Konter-Lektion gefährlicher Unfug, weil er dem naturgegebenen Bewegungsablauf widerspricht und für Gelände- und Springpferde in jeder Wendung außerordentliche Gefahren in sich birgt.

7. In der Dressurprüfung für Vielseitigkeitspferde „Schlangenlinien durch die ganze Bahn *ohne* Galoppwechsel" zu verlangen ist der Gipfel des Unverstandes und der Verantwortungslosigkeit, weil Gesundheit und Leben von Reiter und Pferd davon abhängen, ob in schwierigem Gelände mit vielen Wendungen zwischen den Hindernissen ein Pferd geschult ist, *sofort selbständig* fliegend zu wechseln. Statt dessen wird das arme Tier am ersten Tag in der Dressuraufgabe nochmals vergattert, bei Galoppwechseln ja nicht umzuspringen.

9. Fliegender Galoppwechsel

Der fliegende Wechsel ist jedem Pferd angeboren. Der große Aufwand und das unnötige Getue um das Problem des fliegenden Wechsels existierte gar nicht, wenn man den Pferden den Kontergalopp (Außengalopp) nicht mit solcher penetranten Emsigkeit „beibringen" würde. Hier tritt das psychologische Moment dominant in den Vordergrund!
Die Bewegung des Kontergalopps ist wider die Natur, weil das Pferd (als Vierbeiner!) dabei über die zurückgestellte Hüfte und damit über das zurückgestellte Hinterbein und über die vorgestellte Schulter galoppieren soll (muß!).
Warum ist das so schrecklich im Bewegungsablauf? Nun, wenn du es mal selbst ausprobierst, wie es sich anfühlt, wenn man als Zweibeiner (beim Vierbeiner ist das noch schlimmer) in dieser Konterstellung eine Wendung galoppieren will, wirst du sofort merken, wie es dich über die vorgestellte Schulter treibt und wie dein Knie *und* dein Fußgelenk geradezu schmerzhaft verdreht werden. Das schädigt außerordentlich die Gelenke, verdreht einen völlig in der Haltung, und man setzt sich der Gefahr aus hinzufallen (siehe vorhergehendes Kapitel).
Wenn das den Kontergalopp üben-sollende Pferd aus zweckmäßig sinnvollen Gründen in die neue Richtung umspringt, wird es dafür bestraft, im Maul gerissen und verriegelt. Und das so lange, bis es den widerwärtigen Außengalopp „hält". Wenn es dann für die nächsthöhere Dressurstufe den fliegenden Wechsel nach dieser Lektion erlernen soll, hat es natürlich Angst, das zu tun, weil es ja unter Bestrafung gezwungen worden ist, den Kontergalopp zu halten.
Das ist so einleuchtend, daß man sich fragen muß, warum diese sinnwidrige, unangenehm zu reitende und damit dumme Lektion sich immer noch in der „Dressur" des Pferdes erhalten hat.

Meine Nachforschungen bei den Vertretern des Kontergalopps haben folgende Begründungen ergeben (siehe voriges Kapitel):

1. Es sei wichtig für das Geraderichten des von Natur aus schiefen Pferdes.

2. Es sei die nötige Vorübung für den fliegenden Wechsel. Diese beiden meist gegebenen Begründungen will ich jetzt entkräften, weil man immer wieder damit konfrontiert wird:

Zu 1.: Die Natur hat das Pferd (und alle Lebewesen) keineswegs körperlich schief fehlkonstruiert oder ihm eine Schiefe durch die Lage im Mutterleib beigefügt! Es hat einen „Drall" nach einer Seite wie auch der Mensch, damit es als junges Geschöpf, wenn es laufen gelernt hat und neugierig auf die Umwelt wird, nicht schnurstracks geradeaus weiter auf Entdeckungsreisen geht. Es würde dann nämlich vom Lager (Nest, Höhle, Herde) und der Mutter weg ins Unheil laufen, dem es noch nicht gewachsen ist. So trudelt das Junge immer in der Nähe der Kinderstube umher und ist leicht auffindbar. Körperlich schief und vom „lieben Gott" verhunzt ist es jedenfalls nicht. – Nur ein arroganter Mensch fühlt sich bemüßigt, da die Natur korrigieren zu müssen. In dem Kapitel „Die Gasse" werde ich den Beweis dafür liefern.

Zu 2.: Diese Begründung ist in sich absurd. Denn welcher denkende Mensch wird einem Tier bewußt etwas Falsches beibringen, um daraus das Richtige zu erlernen? Dem Pferd also eine absurde Fußsetzung aufzwingen, um die richtige anschließend zu erlernen?
Eine von mir in allen Kursen mit unterschiedlichsten Pferden erprobte Lektion ist folgende:

Man stellt etwa 0,80 bis 1,00 m von der Bande oder der Bahneinfassung ein Cavaletto auf „hoch" (Galopphöhe) im halben rechten Winkel zur Wand mit einem Fang auf der offenen Innenseite. Nun reitet man im beherrschten (rhythmischen) Galopp die lange Wand entlang, dann eine Kehrtschleife, die bis zur Mitte der kurzen Seite reichen darf, genau auf die Mitte des Cavaletto (rechtwinklig, keinesfalls schief!).

Nehmen wir ein Beispiel: Du willst einen fliegenden Galoppwechsel von rechts auf links machen. Reite die lange Wand im Rechtsgalopp und denke still vor dich hin rechts-rechts-rechts usw. – auch in der Schleife bis zum kleinen Sprung über das Cavaletto. *Dort* denkst du links-links-links usw. Du tust nichts weiter, und der fliegende Wechsel ist da.

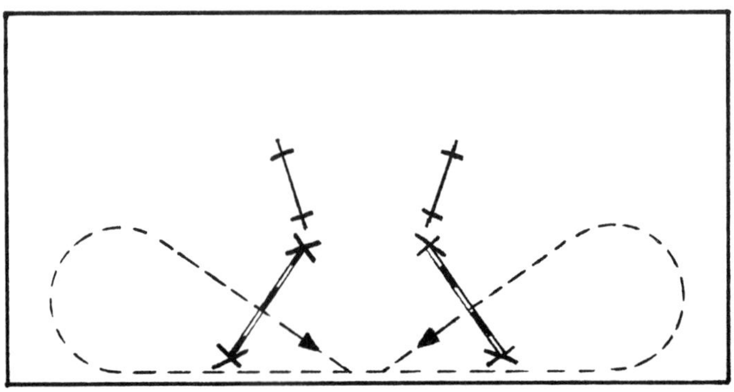

Im Winkel von 45 Grad schräg zur Bande stehende Cavaletti erleichtern dem Pferd das Erlernen des selbständigen fliegenden Galoppwechsels.

Hast du das klar und dein Pferd auch, setzt du ein anderes Cavaletto für die Übung des Wechsels von links auf rechts. Wenn das auch wunschgemäß funktioniert, reitest du eine Figur wie auf der Zeichnung angegeben. Die lange Wand entlang rechts, Schleife, Cavaletto mit fliegendem Wechsel und weiter links die lange Wand entlang, Schleife, fliegender Wechsel über dem Cavaletto, rechts. Nun hast du dein Pferd sicher im Wechsel von rechts auf links und von links auf rechts. Der Abstand der Cavaletti von der Wand hat den Zweck, am Hufschlag daran vorbeireiten zu können.

Begründung dieser Lektion:

Die dem Pferd angeborene Fähigkeit, fliegend zu wechseln, wird schon in der Grundschule zweckdienlich erlernt, weil kein Pferd von Natur aus so dumm ist, im halben rechten Winkel gegen die Wand zu galoppieren, um dort auf die Wand zu krachen. Es rettet sich davor mit der ihm eigenen Fähigkeit, fliegend zu wechseln. Es entsteht die Prägung, fliegend zu wechseln, wenn es „andersrum" geht. Damit bilden sich gesunde Reflexbahnen, die automatisch funktionieren. Du bekommst einen geschickten Partner im Gelände und auf dem Parcours. So einfach ist das.

Mit einem Pferd, das nur zum reinen Dressurpferd ausgebildet werden soll, darfst du das nicht machen, weil es von deinen Hilfen total abhängig sein muß und nur dann wechseln soll, wenn du es befiehlst.

Wenn ich sagte, man solle nichts tun als rechts, rechts – links, links zu denken, hat das folgenden Grund: Allein durch die Vorstellungskraft tut der Körper automatisch genau das, was nötig ist. Er begleitet das Pferd in der Wechselbewegung. Andernfalls tut man zuviel (!) und bringt sein Pferd wieder in Abhängigkeit zu einer Wechsel-Hilfe.

Es soll aber lernen, von selbst zu wechseln, wenn es irgendwo im Gelände- oder Springparcours *andersherum* geht!
Jede Galoppwechselübung (fliegend) sollte daher niemals auf gerader Linie geschehen; schon gar nicht à 4, 3, 2 Tempi oder gar zu 1 Tempo. Das ist eine reine Dressurübung, nur für spezielle Dressurpferde, die in totaler Abhängigkeit von den Hilfen sein müssen, wenn sie einen Blumentopf gewinnen wollen.
„Übt" man Galoppwechsel auf gerader Linie, läuft man Gefahr, daß das Pferd aus Nervosität vor dem Hindernis hin- und herwechselt, bis es beim Absprung schließlich nicht mehr paßt! Das ist auch der Grund, warum ich in allen meinen Schriften *gegen* den Außengalopp plädiere: weil er für ein Gebrauchspferd völlig sinnlos ist und in einer Q-Strecke außerordentlich gefährlich obendrein.
Die Anforderung in einer Military-Dressur-Aufgabe „Schlangenlinien durch die ganze Bahn ohne Wechsel" ist tierpsychologisch absurd. Dieses den verantwortlichen Gremien ins Bewußtsein zu bringen ist mir bis heute noch nicht gelungen.

Wenn es nicht recht klappt:

Fehler und Schwierigkeiten entstehen, weil du keinen einwandfreien Rhythmus reitest, was dir anfangs oft bei der Übungswendung zurück zur langen Seite, auf das Cavaletto zu, passieren kann, aber auch, wenn du das Cavaletto im stumpfen Winkel zur Wand aufstellst, wobei das Pferd schräg über das Cavaletto kommt und die Lektion so keinen Sinn mehr hat.
Ärger bekommst du auch, wenn du versuchst, dein Pferd mit den Zügeln und wuchtigen Sitzhilfen zum fliegenden Wechsel zu bringen. Lies noch einmal genau die Anweisung in diesem Kapitel durch. Nur so bilden sich die richtigen Reflexbahnen – und zwar ganz von selbst.

10. Die Gasse

Die Gasse kommt sobald wie möglich ins Programm des Chiron-Systems. Man beginnt im Schritt, dann im Trab und schließlich im Galopp. Du legst 6 Springstangen (Länge 4 m) zunächst in 0,80 m Entfernung als Gasse am Boden aus. Das erste Stangenpaar öffnest du mäßig zu einem V, damit das Pferd besser eingefädelt werden kann. Dann zeigst du ihm, was du willst, und läßt es zügig in allen Grundgangarten durch die Gasse gehen.
Die Zügelführung muß im Hinblick auf den Zweck minimal sein, bis du den Zügel immer weniger gebrauchst und das Pferd schließlich mit weggelegtem Zügel in allen Gangarten flüssig durch die Gasse hindurchreiten kannst.
Je nach Klugheit deines Pferdes legst du die Gasse enger, auf 0,60 und schließlich auf 0,40 m (nicht enger)! Denn enger kann und soll ein Pferd seine Hufe nicht stellen. Schon bei einem „grünen" (noch sehr ungeschulten) Pferd wirst du erkennen, daß es ohne Zügeleinwirkung schnurgerade durch die Gasse geht und keineswegs von Natur aus *körperlich* schief ist. Du mußt deine (das Fundament gebenden) Beine (Knie/Wade/Fuß!) gut am Pferd lassen, damit es in Zukunft deine es einschließenden Beine mit den Stangen der Gasse identifiziert! So bekommst du über die psychologische Schulung ein Pferd, das dir zwischen deinen Beinen gerade bleibt.
Wäre das Pferd von Natur aus körperlich schief, müßte es *dauernd* auf die Stangen oder neben die Stangen treten. Damit liegt der Beweis vor, und für die Zukunft ist der Vorteil erreicht, das Pferd auch beim Anreiten von Hindernissen zwischen den Beinen geradehalten zu können. Am Ende der Gasse stellt man Fänge auf, um bei fortgeschrittener Arbeit mit der Gasse dort ein Hindernis aufzustellen. Die Fänge stehen etwa 1,30 m auseinander (nicht enger als

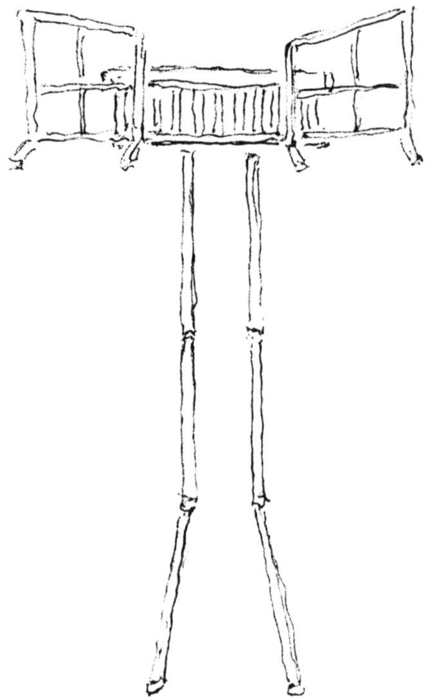

Die Gasse, die das Pferd gerade auf den Sprung zu führt.

1,20 m, damit man mit den Füßen nicht daran hängenbleibt!).
So lernt das Pferd von Anbeginn an „auf Punkt zu springen", ohne daß mit den Zügeln jongliert werden muß. Das Springen schmaler Hindernisse (etwa 2,50 m) ist

Rechts oben:
Auch ohne Zügeleinwirkung geht das Chiron-geschulte Pferd schnurgerade auf das Hindernis zu (Reken).

Rechts unten:
Vorbildlicher Sitz der Reiterin auf willig springendem Pferd (Marion Winkler auf Angloaraber Basilik).

Linke Seite:
Unerfahrenen Pferden erleichtert es das Lernen, wenn sie hintereinander durch die Gasse geritten werden.

So auf den Zentimeter genau springen Pferde, die anfangs mit der Gasse geschult wurden (Marion Winkler/Garban und Franziska Menschel/Kamana, Reken 1994).

überhaupt eine sehr lohnende Grundschule. Natürlich müssen sie mit Fängen versehen sein, damit das Pferd beim Erlernen der „Technik“ nicht dauernd durch die Zügel beeinflußt wird.
Hinter all diesen Gedanken steht zunächst die Absicht, das Pferd in allen Bewegungs-

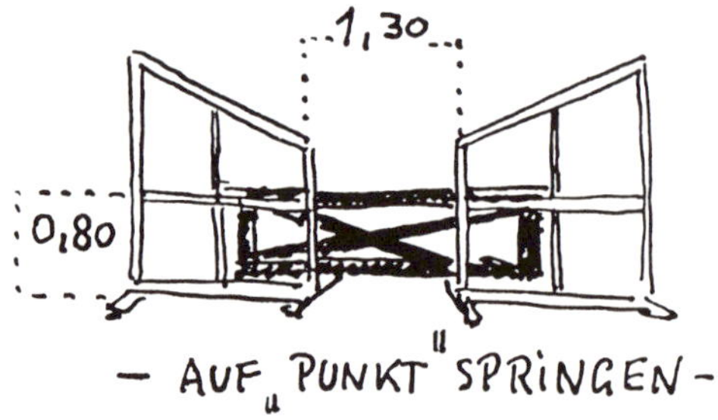

In der fortgeschrittenen Arbeit lernen Pferde so, „auf den Punkt“ zu springen.

abläufen so selbständig wie möglich (unter deiner geschickten Anweisung) werden zu lassen. Je höher die Ziele gesteckt sind, desto wichtiger ist das! Wenn beispielsweise einmal eine Q-Strecke in einer Military geritten werden soll, kannst du kein Pferd gebrauchen, das bei jeder Bewegung auf deine Hilfe wartet. Mit einem spring*dressierten* Pferd würdest du jedesmal ganz dicht am Krankenhaus oder sogar am Friedhof vorbeispringen!
Dein Pferd muß erstklassig geschult (geritten) sein und sich mit deiner Führung in allen Situationen selbständig helfen können. Wenn dir jemand sagt, ich (der Autor) sei ein Gegner der Dressur, so ist das schlichtweg nicht wahr. Ich sage: Dressur ist zur Erhaltung und Pflege einer alten Kunst, die bis auf Pluvinel und de la Guérinière zurückgeht, sehr bedeutungsvoll, aber sie gehört auf das Viereck (Horizontalgymnastik) und nicht ins Gelände und über Hindernisse. Da ist es die Rittigkeit, die Erfolg und Sicherheit bedeutet (Vertikalgymnastik!). So wird z.B. die Gasse für das Pferd und seinen Verstand das, was für den vernunftbegabten Menschen Mnemotechnik (Gedächtniskunst) ist. Beispiel: Wenn du dir merkst, daß „konkav“ immer das ist, was ausgehöhlt ist, und dir merkst, daß du aus einer Kaffeetasse trin-

Ob mit oder ohne Zügel, ob vor Publikum (oben: Reken 1994) oder auf dem heimischen Springplatz: Chiron-geschulte Pferde springen sorgfältig, aber gelassen und voll innerer Ruhe.

Durch perfekte Schulung zur vertrauensvollen Partnerschaft: Chiron-Lehrerin Marion Winkler auf ihrem Vollblutaraberhengst „Garban".

ken kannst, weißt du sofort, was konkav bedeutet und vergißt es nie. Das ist Mnemotechnik.
Bei einem Pferd kannst du mit abstrakten Vorstellungsbegriffen nicht arbeiten; wohl aber durch geschickt angewandte Situationen, die den Verstand des Pferdes wecken. Diese Methode, nämlich den Verstand des Pferdes zu wecken und seine große Merkfähigkeit nutzbar zu machen, zieht sich durch das ganze Chiron-Ausbildungs-System.

Wenn es nicht recht klappt:

Fehler entstehen nur, wenn du glaubst, dein Pferd „geraderichten" zu müssen. Führe dein Pferd gut (im rhythmischen Gangwerk) in die Gabel ein, laß beide Unterschenkel in sicherem Kontakt am Pferd und laß es dann allein. Nur wenn du das nicht tust, kommst du in Schwierigkeiten. Vergiß nicht, daß das Pferd von Natur aus nicht verhunzt ist. Es ist nicht körperlich schief, es hat nur wie jedes Lebewesen (auch du!) von Urzeiten her einen „Drall" zur Lebenserhaltung (siehe Seite 43).
Mit einer körperlichen „Schiefe" (verkürzte Muskelgruppen auf einer Seite) hat das nichts zu tun! Der Mensch müßte sonst ja auch „geradegerichtet" werden – orthopädisch –, weil er im Mutterleib wie eine Krabbe eingerollt liegt. Denk nach. Die Pferde sind nicht von ihrem Schöpfer verhunzt, sondern werden es erst durch schlechtes Reiten.

Besser läßt sich das Prinzip der Freiwilligkeit nicht illustrieren (Sebastian Broich/Palisander).

11. Cavaletti-Arbeit im Trab und Galopp

Cavaletti-Arbeit zielt vorwiegend auf die *Rückentätigkeit* des Pferdes ab! Daß die Pferde dabei auch trittsicher werden, hängt mit der Beherrschung des Gleichgewichts zusammen und mit dem Vertrauen, weil du nicht störst, sondern synchron die Bewegung begleitest.

Trab-Cavaletti: Du legst etwa 5 Cavaletti im Abstand von 1,40 m auf gerader Linie hintereinander. Flach gestellt, nicht etwa auf hoch gestellt. Das wäre die Aufstellung in 4 m Distanz für Galopp. Diese Abstände gelten für Großpferde. Bei Kleinpferden oder Ponys muß man auf 3 m oder 2,50 m reduzieren. Beobachten! Du wirst bald entdecken, daß Großpferde, die den Rücken festhalten, mit einem Zwischentritt zu „stottern“ anfangen, während Kleinpferde, die aus dem Rücken zu gehen gelernt haben, sogar über die Distanz der Großpferde spielend arbeiten. Gute Reiterei ist eben eine sehr individuelle Angelegenheit, die deine Beobachtungsgabe herausfordert.

Der alte Monteton (ein großer Meister um die Jahrhundertwende) hat einmal gesagt: „…beim Reiten kann je nachdem alles richtig oder auch falsch sein…“ In diesem Satz steckt alle Weisheit, wie ja auch Sokrates gesagt hat „Ich weiß, daß ich nichts weiß …“. Denk nach und laß dich nicht verdummen,

Cavaletti-Arbeit – richtig gemacht – dient der Rückentätigkeit des Pferdes.

Rhythmisches, losgelassenes Traben über die Cavaletti-Reihe (Marion Winkler auf Garban)

denn wir kommen in den folgenden Abhandlungen, die die Springgrundschule betreffen, zu Erkenntnissen, die weittragend sind.
Nun sind wir erst einmal bei der Cavalettiarbeit auf gerader Linie im Trab. Es ist selbstverständlich, daß du im korrekten leichten Sitz reitest, denn dein Hauptaugenmerk ist auf die geschmeidige Rückenarbeit deines Pferdes gerichtet.
Natürlich hast du dein Pferd zunächst mit einer, dann zwei und schließlich fünf flachliegenden Cavaletti bekanntgemacht und sorgst nun für flüssiges, taktmäßiges, rhythmisches Traben über die Cavaletti. Beim Einreiten in die Cavaletti-Reihe hörst du auf leichtzutraben, um das Pferd nicht zu stören, und schwingst in deinem Fundament die Tritte mit tiefer Schulter ab.
Wenn es dir gelingt mit einem dafür reifen Pferd, das zwischen deinen Beinen rhythmisch aus dem Rücken mit langgemachtem Hals und Kopf schnurgerade übertritt, die Zügel wegzulegen und die Arme (wie zum Ausbalancieren) locker (!) auszustrecken bei tief gehaltener Schulter – dann hat dich dein Pferd verstanden! Dein Pferd wird mit der Aufgabe selbständig fertig.
Das ist für die „Grundschule“ von ausschlaggebender Wichtigkeit. Das ist die Basis der gesamten Chiron-Schule!
Du hast dein Pferd zwischen deinen Beinen und deiner elastischen Körperhaltung so weit gefördert, daß es sein Gleichgewicht unter dir im Bewegungsablauf gefunden hat. Daraus kannst du nun *spielend* weitere Fortschritte erwarten. Du wirst erkennen, wie stark psychische und nervliche Faktoren die Basiselemente für die Bewegung auch über Bodenunebenheiten und später über Sprünge darstellen.
Jetzt kannst du weiterarbeiten über eine

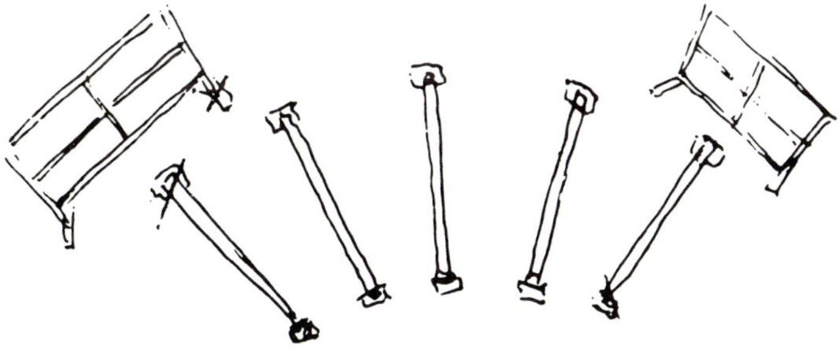

Fächerförmig ausgelegte Cavaletti dienen gleichzeitig der Längsbiegung des Pferdes.

Gut sitzende Reiterin, glänzend mitarbeitendes Pferd über den Fächercavaletti (Evelyn Bergmann/Humphrey)

fächerartig ausgelegte Cavaletti-Reihe. Vorher mußt du dein Pferd mit der Bedeutung deiner Hände und Zügel bekanntmachen, wie das nächste Kapitel erläutert. Das ist unerläßlich, bevor man die Galopparbeit beginnt.

Wenn es nicht recht klappt:

Alle Pannen oder Schwierigkeiten, die auftreten können, sind nur in Rhythmus-Fehlern zu suchen. Kümmere dich nur um deinen korrekten leichten Sitz, der dein Pferd im Rhythmus erhält und es bei seinen Bewegungsabläufen störungsfrei begleitet.

12. Die seitwärts drückende und die öffnende Hand

Dort, wo der Hals aus der Schulter heraustritt und du deine Hände normalerweise aufgestellt hast, befindet sich ein „neuralgischer" Punkt.
Stellst du dich neben ein Pferd und drückst dort mit der Faust, wird es je nach Empfindsamkeit mit dem Vorderfuß locker werden oder sogar (von der drückenden Faust weg) übertreten, also von dem Druckpunkt weg zur anderen Seite hin. Darauf baust du in Zukunft alle Wendungen auf. Wenn du im Trab dein Pferd gut zwischen den Beinen führst, Takt und Rhythmus erhältst, die Wendung mit deinen Schultern begleitest, machst du dein Pferd mit der neuen Lektion sehr schnell bekannt, wenn du auf der Gegenseite die öffnende Hand anwendest. Das sieht in der Praxis so aus:
Du willst im Trab oder Galopp eine Linkswendung (Zirkel, Zirkel-Verkleinern, etc.) reiten. Du versicherst dich einer guten Sitzposition und reitest dein Pferd gewissermaßen „aus dem Sattel" in die Wendung hinein. Du drückst mit der äußeren, rechten Hand am Hals und öffnest mit der linken Hand (unser Beispiel erklärt eine Linkswendung) derart, als wolltest du das Trensengebiß *seitlich* aus dem Maul ziehen.
Um Himmels willen nicht nahe am Hals

Sehr schön ist hier die öffnende Hand in der Wendung zu sehen (Jürgen Webers auf Ultimus, Achselschwang 1989).

rückwärts in Richtung Sattel! Das würde ein Krumm-machen des Halses zur Folge haben; der Schwung der Bewegung ginge dann über die äußere (hier die rechte) Schulter des Pferdes geradeaus und würde somit die gewünschte Wendung vereiteln. Um dagegen anzukämpfen, würdest du heftiger ziehen müssen, womit sich das Übel im Parcourstempo zum Ringkampf, den man so oft sieht, um die Wendung steigern würde. Zur Belehrung des Pferdes wirst du *anfangs* vielleicht sehr weit nach innen öffnen müssen. Nimm das nicht tragisch, Pferde lernen unglaublich schnell, und du wirst erkennen, daß dein Pferd schon am ersten Tag diesen Wendeübungen bei minimalem Öffnen folgt. Schließlich kannst du zum Ausprobieren einmal nur etwas innen „anklingeln" und im Arbeitstempo ohne weiteres aus deinen Beinen und deiner guten Position mit der seitwärts drückenden Hand eine Wendung auch mit innen durchhängendem Zügel reiten. Nun hast du ein Pferd, das in Wendungen nicht über die äußere Schulter ausfällt und geradeaus weiterdrängt. Und das benötigst du dringend, wenn du einmal im Gelände oder im Parcours sicher und schnell wenden willst.
Das ist auch die tiefere Bedeutung der Anweisung aller Chiron-Lehrer, wenn sie sagen „Hände am Hals, eine Hand immer!" Natürlich funktioniert das nur aus einem gut geschulten, effektiven leichten Sitz.
Faßt ein Schüler mit einer Hand die Zügel derart, wie es die Abbildung zeigt, habe ich gar nichts dagegen. Ich tue das nicht grundsätzlich, aber doch mit vielen Pferden oft, besonders bei solchen mit sehr empfindlichen Mäulern, weil man mit größerer Feinfühligkeit führen kann. Man muß erkennen, daß jedes Nachgeben und Mitgehen in der Sprungbewegung niemals aus dem „kurzen Weg" des Handgelenks kommen kann, sondern aus Ellbogengelenk, Schultergelenk und Hüftgelenk des Reiters. Dieses „Synchronisieren" der Bewegung läßt sich dadurch noch verfeinern. Unter peinlicher Beachtung aller dieser Einzelheiten erwächst

Da das Nachgeben über dem Sprung mehr aus dem Ellenbogen als aus dem Handgelenk erfolgt, ist besonders bei sehr feinfühligen Pferden auch diese Zügelhaltung möglich.

dieses bestimmte *Arbeiten* mit einem Pferd (im Unterschied zum *Bearbeiten* eines Pferdes), das zur Springfreudigkeit führt.

Wenn es nicht recht klappt:

Fehler entstehen nur, wenn du nicht in die Wendung hinein sitzt, dein Pferd nicht zwischen den Beinen hast, die drückende Hand nicht anwendest und mit der anderen Hand rückwärts ziehst (wobei dein Pferd über die äußere Schulter abtreibt!), anstatt zu öffnen.
Wendest du die öffnende Hand an, läuft alles glatt.

13. Cavaletti, Galopp und Rhythmus

Der Begriff „Rhythmus“ ist das Basiselement in allen Gangarten und ganz besonders wichtig in der Galoppade und der darauf aufbauenden Springarbeit.

Rhythmus ist Takt + Schwung!

Eins ohne das andere geht an dem Begriff „Rhythmus“ völlig vorbei, denn Takt kann schwunglos und Schwung kann taktlos sein. Keinesfalls darf Rhythmus mit einer bestimmten Anzahl von Galoppsprüngen gleichgesetzt werden, die auf einer bestimmten Strecke ausgeführt werden sollen. Das entspräche dann etwa einer Gleichsetzung von Stromstärke und Stromspannung. Rhythmus ist das Individuellste eines jeden Lebewesens. Deine Atemzüge können auf kurze Zeit die gleichen sein wie meine, wie auch die Pulsschläge von dir und mir auf kurze Zeit (im gesunden Ruhezustand) die gleichen sein können. Das ändert sich aber auf längere Zeit gesehen ganz offensichtlich und wird noch viel differenzierter, wenn körperliche Anstrengung hinzukommt.

Es ist logisch, daß ein Großpferd, verglichen mit einem Pony, auf eine bestimmte Distanz weniger Galoppsprünge macht. Nicht ganz klar ist, warum auch unter gleichgroßen Pferden die Sprunglänge des Galopps differiert. Ein Pferd mit schlecht ausgebildeter Rückenfunktion braucht über die gleiche Distanz mehr Galoppsprünge als ein gut ausgebildetes. Auf Distanzen von 4 m, 7,50 m oder 10,50 m wird das kaum in Erscheinung treten, aber auf längere Distanz gesehen sehr wohl. Äpfel sind nicht identisch mit Birnen, obwohl sie beide zur Sorte Kernobst gehören. Das also muß man beachten, wenn man von individuellem Rhythmus spricht. Aus dem Wissen um den individuellen Rhythmus heraus muß man mit seinem Pferd arbeiten.

Beim gesunden, nicht im Rücken behinderten Pferd wird man mit der Durchschnitts-

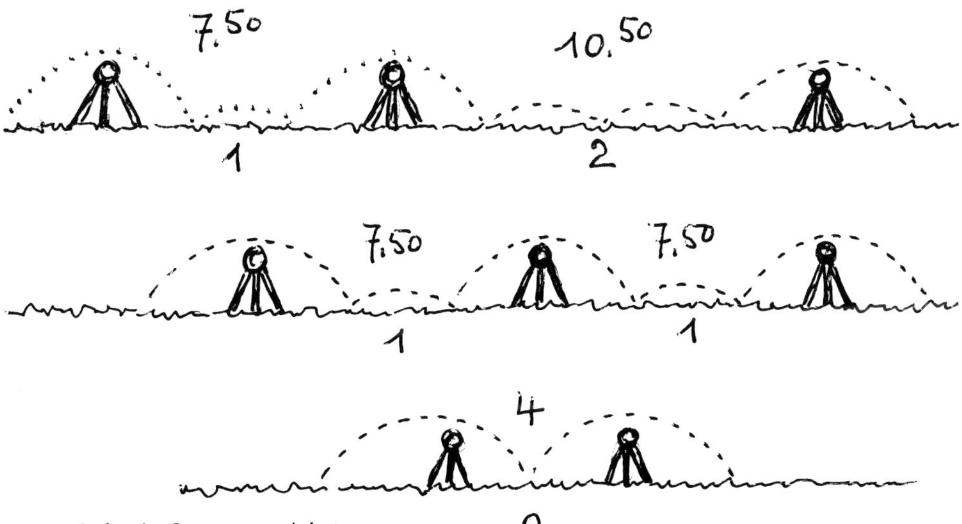

Abstände für die Staccionata-Arbeit

länge eines Galoppsprungs eine Entfernung von rund 3,50 m decken. Setzt man in der kommenden Springgrundschule aber z. B. Staccionate ein, muß man für den zusätzlichen Abdruck beider Hinterbeine rund 0,50 m zufügen, um den Rhythmus nicht künstlich durch Handeinwirkung drosseln zu müssen. Um bei Großpferden einen gesunden Rhythmus zu erhalten, wird man also (Faustregel) mit 4 m, 7,50 m, 10,50 m das Richtige treffen. Bei Kleinpferden oder gar Ponys muß das sinngemäß berücksichtigt werden.

Die Faustregel für Großpferde, die gesund und im Rücken nicht verdorben sind, lautet bei der Arbeit mit Staccionate:
4 m (In and Out):
Kein Galoppsprung dazwischen;
7,50 m:
ein Galoppsprung dazwischen;
10,50 m:
zwei Galoppsprünge dazwischen.

Das Chiron-System baut auf dem individuellen Rhythmus auf und fördert die Rückenarbeit durch Cavaletti oder Staccionate ohne jede hemmende Zügeleinwirkung, weil das Pferd lernen soll, aus seinem ureigensten Rhythmus heraus zu gehen! Lernen aus der jeweiligen Situation ist etwas anderes, als etwas mit „hang and bang“ zu erzuppeln! Das eine ist Spring-Schule, und das andere ist Spring-Dressur. Diese fundamentalen Gedanken über „Rhythmus“ darf man niemals aus dem Auge verlieren!
Nun nehmen wir für die Galopparbeit unsere Cavaletti und stellen sie auf hoch (das sind etwa rund 0,35 m vom Boden), bis zu vier Stück an der Zahl im Abstand von ca. 4 m. (Nicht pingelig sein! Mit 10 oder 20 cm + oder – entsteht kein Schaden. Nach den ersten drei Durchgängen, die nicht flüssig waren, kann man die Distanz entsprechend ändern.)
Du mußt deinem Pferd die Chance geben, aus der Situation zu lernen, um es nicht abhängig von deinen aktiven Einwirkungen zu machen. Ich garantiere für den Erfolg! Du machst grundsätzlich zwei Durchgänge, damit du den Rhythmus auf ebener Erde (auf der anderen Seite) überwachen kannst. War es nicht so ganz sauber, folgt ein dritter Durchgang. Lob mit Stimme, Klopfen, Bonbon aus der sogenannten „Zuckertüte“ (das können Karotten, Brotreste, Pellets oder dergleichen sein). Nur kleine Stückchen, keine Handvoll, an der es lange herummummelt). So lernt das Pferd *selbst* durch deine gute Anleitung, ohne andere Hilfen zu bekommen außer denen, die den Rhythmus überwachen. Auf dieser Basis kommen wir nun zur weiteren Spring-Grundschule.

Wenn es nicht recht klappt:

Schwierigkeiten entstehen nur bei Mißachtung des vorher Gesagten. Hast du es durchdacht und getan, treten keine Schwierigkeiten auf. Folge dem stufenweisen Aufbau des Chiron-Systems.

14. Beginn der eigentlichen elementaren Springarbeit mit Gasse und Staccionate

Nun legst du dir wieder die Gasse (etwa 0,80 m breit), am Anfang das V für bequemen Einlauf und am Ende 2 Fänge etwa 1,30 m auseinander und eine Staccionata (0,60 m oder 0,80 m hoch – je nach Pferd), und reitest im korrekten leichten Sitz im Arbeitstempo hinein, beeinflußt dein Pferd nicht mit den Zügeln, behältst deine Nerven (!) und läßt dein Pferd in seinem individuellen Galoppsprung den Absprung selbst finden! Nimm einen Halsriemen mit, in den du, wenn dein Pferd noch ungeschickt abspringt, hineingreifst, um ja nicht am Zügel zu stören. Passiert etwas Unerwünschtes, hängst du im Halsriemen und nicht im Maul. Hängst du mit deinem Gewicht in den Zügeln und somit im Maul, ist das Vertrauen zum Springen schon ruiniert. Bei genauer Beachtung ist das schon der Schlüssel zum „Sesam, öffne dich". Nun geht es spielend (im wahren Sinne spielerisch!) weiter von Tag zu Tag. (Lob!) Dein Pferd bleibt interes-

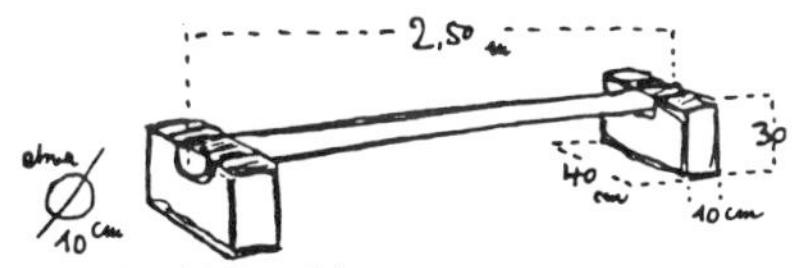

(6 Stück)

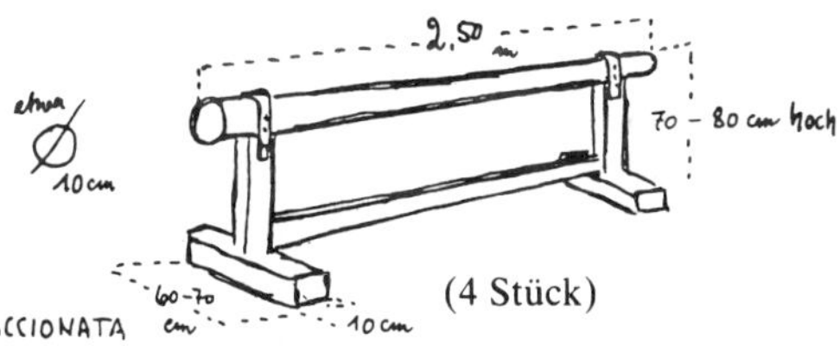

(4 Stück)

CAVALETTI für Trabarbeit – Distanz je nach fortschrittlichem Bewegungsablauf zwischen 1,40 und 1,70 m, nur flach gelegt
für Galopparbeit – Distanz 4 oder 7,50 m, hoch gestellt. –

STACCIONATE für Galopparbeit – Distanz 7,50, 10,50 und 4 m in unterschiedlicher Kombination, je nach Ausbildungsgrad.

Ein Galoppsprung im flotten Arbeitstempo deckt etwa 3,60 m. Im Durchschnitt liegt der Absprung etwa 1,80 m vor dem Hindernis und die Landung etwa gleich weit dahinter. – 3,60 bis 4 m deckt jedes Pferd. Fähige Springpferde, die aus dem Rücken zu springen gelernt haben, decken 5 bis 7 m. –

Niemals, niemals, niemals Pferde ohne Fänge schulen!!! Ein 2 m langer Sprung **mit** Fängen schult ausgezeichnet –

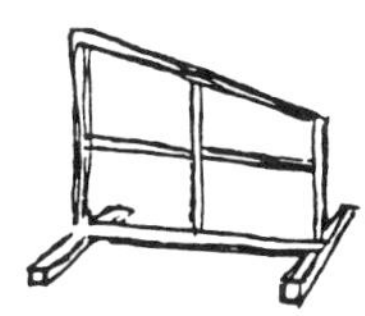

ein 6 m langer Sprung ohne Fänge bringt ungeschulte Pferde ins Schwimmen. Pferde sollen lernen, auf „Punkt" genau abzuspringen. –

Jede Springausbildung muß exakte, punktgenaue Reiterei zur Grundlage haben!

Links:
Gemeinsam Freude an der Arbeit haben (Claudia Meins auf Pinky, Reken)

siert und fröhlich, weil es wie im „Kindergarten“ belehrt, aber nicht „dressiert“ worden ist.
Bei der Arbeit durch die Gasse mit anschließendem Sprung hast du den ungeheuren Vorteil, daß dein Pferd schon bei den ersten Springübungen lernt, schnurgerade auf das Hindernis zuzugaloppieren und „auf Punkt“

Chiron in Vollendung: Mutter Marion Winkler und ihr Vollblutaraberhengst Garban (rechts) sind nach sorgfältiger Grundschule so zusammengewachsen, daß er auf der grünen Wiese, ohne Zaumzeug, über einen schmalen Sprung von 1,30 m Höhe ohne Fänge geht. Und die elfjährige Tochter Daniela auf der 4jährigen Ponystute Conny zeigt, was eine gute Grundschule ist.

zu springen. Es lernt von selbst, zwischen deinen Beinen geradezubleiben, ohne daß du mit den Zügeln (zum Geradehalten) herumwerkelst. Dein Pferd wird somit selbständig. Du sorgst nur für Rhythmus und den flotten Absprung deines Pferdes aus deinen Beinen heraus. Das ist die psychologische Seite des Chiron-Systems, woraus sich nervlich die richtigen Reflexbahnen bilden: Die Reflexbahnen bilden sich sinngemäß, ohne daß du sie aktiv beeinflußt! Indem man sich genau die ideale Lösung der jeweiligen Aufgabe vorstellt, wird man erstaunt feststellen, wie schnell das Pferd begreift.
Obwohl diese Gedankengänge weit entfernt sind von der üblichen Auffassung, man müßte dem Pferd durch „Hilfen“ das Springen beibringen, wirst du ein „Wunder“ erleben, das eigentlich gar kein „Wunder“ ist. Es ist lediglich vernunftgemäß-folgerichtiges Denken, das den Weg öffnet. Um das noch besser zu verstehen, füge ich ein wichtiges psychologisches Gesetz, das Boudoin'sche Gesetz, hinzu. Es lautet:

„Wenn der Wille mit der Vorstellung in Konflikt gerät, gewinnt immer die Vorstellung.“

Beispiel: Wenn ich dir ein Brett von etwa 6 m Länge, etwa 40 cm breit und dick genug, um nicht zu federn, von einer Sitzbank zur anderen lege und frage, ob du darüber hinübergehen kannst, wirst du lachen und sagen: Warum denn nicht?
Lege ich dir aber dasselbe Brett in nur 5 bis 7 m Höhe über einen gepflasterten Hof,

wirst du es zwar wollen, aber es (weil du kein Artist bist) trotzdem nicht tun. Warum? Weil deine Vorstellung, es könne etwas passieren, wenn du danebentrittst, dich von dieser Willensprobe zurückhält.
Du wirst nun immer besser erkennen, warum das Chiron-System auf den drei tragenden Säulen „Psychologie, Innervation, Anatomie" aufgebaut ist. Ein Nichtbeachten nur eines der Faktoren würde das ganze System entstellen.

Vergiß nicht: Pferde sind vierbeinige Kinder; sie sind naiv und sollten daher genau wie Kinder nicht dressiert, sondern geschult werden!

Mit diesem Stangen-V lernen Pferde, die gern unterlaufen, das rechtzeitige Abspringen. Mit der Zeit wird das V stumpfer und stumpfer, bis die Stangen überflüssig werden – durch einen Appell an das Verständnis des Pferdes, ganz ohne „anfeuernde" Maßnahmen.

Wenn Pferde in meinen Fortgeschrittenen- und Turnier-Kursen auch Dressuraufgaben lösen, werde ich oft gefragt: „Ja, Sie machen ja auch Dressur, wieso das?" Dann antworte ich: „Wenn Sie es so nennen wollen, ja – aber es sieht nur so aus. Das Pferd ist nicht dressiert, sondern geschult, das ist der Unterschied." Wer das Haarspalterei nennt, hat den tiefen Sinn von pferdegerechtem und menschenwürdigem Reiten noch nicht erfaßt.
Auch gute Dressur als Selbstzweck (Dressursport) baut sich auf den drei Säulen auf, nur daß das Pferd zur vollkommenen Abhängigkeit auf Reiterhilfen geritten werden muß. Dressur ist also nicht immer Dressur im guten Sinne.

„Pferde sind immer Pferde, Menschen sind nicht immer Menschen." (Alvisi)

Dein Pferd hat mittlerweile das rhythmische Galoppieren über die hochgestellten Cavaletti und den Sprung nach der Gasse gelernt. Der Code zu dem Tresor für weitere Springschulung sind nun Staccionate, die sich ungeheuer vielseitig verwenden lassen.
Wenn du vier Staccionate 2,50 m breit und 0,60 m hoch und vier davon ebenso breit und 0,80 m hoch hast und die entsprechenden Fänge dazu, damit du dein Pferd nicht mit den Zügeln hinsteuern mußt, kannst du nach nachstehendem Plan mit der Arbeit beginnen.

Wenn es nicht recht klappt:

Beachte das in diesem Kapitel Gesagte, und es treten keine Unannehmlichkeiten oder Schwierigkeiten auf. Arbeite mit deinem korrekten Sitz und klarem Kopf weiter, und du wirst entdecken, wie folgerichtig das System ist.

Auf solchen Grundlagen läßt sich aufbauen! (Sonja Rooks/Kora)

15. Staccionate-Lektionen

Staccionate-Reihe bei der Chiron-Arbeit in Reken

Du stellst zunächst zwei Staccionate in einer Distanz von 4 m auf. Das ist ein „In and Out". Jetzt reitest du im rhythmischen Arbeitsgalopp an und läßt dein Pferd, gut eingeschlossen von deinen Beinen, mit minimaler Zügeleinwirkung diesen „In and Out" springen. Hat das Pferd bis hierher die gute Grundlage, geht es sofort einwandfrei. Hat es Rückenschwierigkeiten, wirst du die Distanz verkürzen müssen, damit es erst einmal begreift, was es überhaupt soll.
Nach einiger Übung wird auch ein solches Pferd erlernen, wie man Rücken, Hals und Kopf anwendet, um da spielend durchzukommen. Wenn alles gutgegangen ist, kann man morgen schon eine dritte Staccionata dazustellen. Es werden keine Schwierigkeiten auftreten.
Man reitet in die Staccionate-Reihe hinein wie immer und legt die Zügel völlig weg, was das Pferd mühelos mit Bascule quittieren wird. Es hat gelernt, selbständig diese Aufgabe zu lösen, und bekommt täglich mehr Vertrauen zum Reiter, weil es nicht beim Lernen gestört wurde.

Denke niemals, *du* müßtest das Pferd springen, *es springt*, und *du* mußt es dabei begleiten!

Zur Erinnerung: Um ein Pferd sicher und gut *am* Zügel zu haben, muß man es erst vom Zügel wegreiten, damit es selbständig in den Bewegungsabläufen wird, bis sich die Reflexbahnen gebildet haben. Das Akzeptieren der Zügelhilfen kommt später von selbst, wenn das Pferd bereits über respektable Hindernisse geht. Es ist dann so selbständig geworden, daß es, wenn es schwie-

riger wird, auf alles reagiert (fühlt), was du von ihm willst, auch wenn es hart und deftig wird, einfach, weil es Vertrauen zum Reiter hat! So wächst dein Pferd gewissermaßen in die Hand hinein. Deine bewußte Vorstellung vom Lösen der Aufgabe bewirkt mehr als ein hektischer Wille!
Du kannst nun mit den Staccionate spielen, um die Reflexbahnen weiter zu schulen, je nach den Fortschritten deines Pferdes vier Staccionate setzen oder eine herausziehen und die alleinstehende um etwa 0,50 m näher rücken. Die Distanz dort von 7,50 m entspricht einem Galoppsprung. Du springst darüber immer noch ohne Zügeleinwirkung von beiden Seiten, so daß man dann einen „In and Out" und einen „Doppel" anschließend oder umgekehrt hat. Dabei lernt das Pferd, selbständig mit Distanzen umzugehen, natürlich nur, solange du die Nerven behältst und ihm bei seinem Absprungpunkt nicht dazwischenfährst! Sorge dich nur um flotten, zügigen Rhythmus beim Anreiten und zwischen den Sprüngen, und überlaß die Lösung des Sprunges deinem Pferd.
Wie du diese Arbeit mit den Staccionate fortsetzt, ist abhängig von den Fortschritten deines Pferdes. Bleib jedenfalls in der „Spring-Grundschule", was die Höhe betrifft, immer nur zwischen 0,60 m bis 0,80 m – denn dein Pferd soll spielerisch lernen!
Wie man später verfährt, wenn das Pferd bereits flüssig und fröhlich bei der Sache ist, zeige ich dir ab Kapitel 17.
Der Grundschule sind jedenfalls die niedrigen Höhen vorbehalten, um keine Rückschläge zu erleben. Sprungvariationen halten das Interesse deines Pferdes wach! Du kombinierst die Staccionate-Reihe mit der Arbeit in der Gasse, mit einzelnen Hindernissen verschiedener Art: kleine Mauern, Zäune, Planken und was du sonst noch hast, bis schließlich ein Mini-Parcours geritten werden kann. Hast du das erreicht, steht der Weg – je nach Begabung deines

Chiron-Vorführung in Reken 1991

Nur mit dem Halsring gesteuert springt die edle Shagya-Araberstute Kamana unter Franziska Menschel in tadelloser Manier eine Staccionate-Reihe (Reken 1994).

Chiron-Reiterinnen in der Grundschule und während einer Vorführung in Reken (1994)

Pferdes – zu höheren und weiteren Sprüngen offen!

Wenn es nicht recht klappt:

Mach nicht den Fehler, mit den Staccionate-Lektionen bei 10,50 m Distanz zu beginnen, dann auf 7,50 m zu verringern, um die In-and-Out-Distanz von 4 m dem Pferd (vermeintlich) leichter zu machen. Das würde den Lernprozeß erschweren! Es soll mit einem In and Out die Beinsetzung für den Absprung erlernen.

Grundsatz: Du bringst dem Pferd nicht das Springen bei, sondern gibst ihm die Chance, es selbst aus der Situation heraus zu verstehen! Erst daraufhin gehst du zu den Doppelsprung-Distanzen von 7,50 m und schließlich zu 10,50 m über! Das ist wichtig.

Das Pferd muß unterscheiden lernen, wann es einen und wann es zwei Galoppsprünge nach dem Landen zu machen hat (7,50 m oder 10,50 m). Dabei muß es rechtzeitig die Galopp-Beinsetzung vor dem Absprung unterbrechen, um mit *beiden* Hinterbeinen abzudrücken. Das Pferd muß dabei selbständig in seinem Rhythmus bleiben. Keinesfalls darfst *du* durch Antreiben und Bremsen es dabei stören und ihm dabei helfen wollen. Der Unterschied von dem einen oder den zwei Galoppsprüngen und der Beinsetzung zum Absprung muß dem Pferd klarwerden! Dabei den Rhythmus zu erhalten wird ihm klarwerden aus der Situation heraus, aber nicht durch Antreiben und Bremsen deinerseits. Damit würdest du es wieder abhängig von deinen aktiven Anweisungen machen und Spring*dressur* betreiben, die in der elementaren Spring-Grundschule ebenso verhängnisvoll ist, weil das Pferd dabei unselbständig wird. Aus diesem Grunde sind ja die Staccionate nicht über 0,80 m hoch – einzig, damit das Pferd selbständig wird.

Das ist der elementare Unterschied zwischen der Chiron-Springausbildung und der althergebrachten!

Wie man später für den Leistungssport über schwierige Parcours auch oft aktiv reiten muß, erkläre ich in Teil II des Buches. Bevor jedoch ein Pferd in der Grundschule nicht selbständig geworden ist, kommt es nicht zur Erkenntnis seiner Fähigkeiten und käme aus dem Teufelskreis der Springdressur nur schwer oder gar nicht mehr heraus. Es würde bestenfalls zum Spring-Roboter, der sich mit der Sklaventreiberei abgefunden hat. Deine Intelligenz muß nun für beide arbeiten. Dein Pferd ist naiv und lernt wie ein Kind.

16. Rittigkeitsübungen

Bis hierher hast du im wesentlichen darauf hingearbeitet, daß dein Pferd unter deiner geschickten Führung selbständiges Mitarbeiten in allen dargebotenen Situationen bekundet.
Nun muß es lernen, daß es auch (für das Pferd) uninteressante Aufgaben erfüllen muß, die seine ständige Aufmerksamkeit auf deine Hilfen erfordern. Du kannst dir zwei Hindernisständer im Abstand von etwa 1,30 m aufstellen und in die Hindernisauflagen einen Besenstiel einlegen in einer Höhe von etwa 1,60 m. Nun reitest du im Schritt parallel dazu daneben, so daß du den Besenstiel bequem erreichen kannst, und belehrst es, dort stillzustehen (Lob durch beruhigende Worte!). Dann greifst du zum Besenstiel, nimmst deine Hand wieder weg und wiederholst das so lange, bis das Pferd auch stillsteht und nicht scheut, wenn du den Besenstiel aufnimmst und wie eine aufrechtstehende Lanze in der Hand hast. Jetzt forderst du es auf, durch die Ständer (wie durch ein Tor) durchzugehen. Dann reitest du von der anderen Seite wieder parallel zum „Tor“ und legst den Besenstiel wieder ein. Die Aufgabe ist beendet (Lob!).
Fortsetzung der Belehrung ist dieselbe Aufgabe von der anderen Seite. Geht das alles wie erwünscht, reitest du im Trab zum „Tor“; Halt, Besenstiel aufnehmen, durchreiten, auflegen, weitertraben. Und schließlich dasselbe aus dem Galopp. Die Geduld und die Zeit, die du dafür aufwendest, machen sich hundertfach bezahlt.
Überlege dir, was dein Pferd dabei gelernt hat. Es hat auf deine Hilfen gehorsam reagiert. Es folgt deinen Anweisungen aufgrund deiner Einwirkung, ohne den Sinn verstanden zu haben (während es bei der Cavaletti- und Staccionate-Arbeit schnell versteht, daß es selbst etwas dazu tun muß). So wird dein Pferd *rittig*, das heißt, es lernt, auch etwas zu tun, was es nicht versteht, nur weil du es willst. Das sind die ersten Erfahrungen deines Pferdes, mit abstrakten Begriffen (Dressur) fertigzuwerden. So kannst du aus der Rittigkeit heraus auch eines Tages eine Dressurprüfung reiten, weil du die pferdegerechte Überleitung gefunden hast. Bitte, denke darüber gut nach, denn es sind fundamentale Chiron-Gedanken, mit denen du aus einem Pferd einen Partner machen kannst, wenn du keinen „Hilfenschaltkasten“ haben willst.
Nun gehst du zu weiteren Übungen über, die dein Pferd völlig auf deine Hilfen aufmerksam machen. Stillstehen hat es bereits gelernt. Also bleibst du an der Wand irgendwo stehen, gibst deine minimale Hilfe zum Anreiten, verhinderst aber das weitere Geradeausgehen und drehst dich mehr und mehr um mit drückender äußerer und öffnender innerer Hand (alles das kennt dein Pferd bereits aus den Wendungen im Gang), bis es Schritt um Schritt mit den Vorderbeinen einen Kreis um sich selbst beschreibt. Dann hast du die Wendung um die Hinterhand. Natürlich gelingt das nicht gleich perfekt. Sobald das Pferd einen Fehler macht und mit der Hinterhand ausweichen will, hältst du sofort an und beginnst nach einigen Sekunden von neuem. Bald versteht dein Pferd, was du willst, und präsentiert dir eine ganz leidliche Wendung, die du nur weiter zu verbessern brauchst. So stimmst du dein Pferd mehr und mehr auf diese Hilfengebung ab. Du mußt nur sein Interesse dafür wachhalten.
Also doch Dressur? Ja und nein. Der Unterschied ist der, daß du die mentalen und nervlichen Faktoren beachtest, während die althergebrachte Dressur sich wesentlich um das Körperlich-mechanische kümmert. Damit fühlt sich ein Pferd sehr schnell angeödet oder bei gewaltsamer Arbeit bedrängt und wird in der Folge widerspenstig.
Natürlich wird die Frage auftauchen, warum

So geschult, entdeckt auch ein Fjordpferd die Freude am Springen (Sabine Raab/Nura).

ich Wendungen nicht mit der Wendung um die Vorderhand beginne. Diese Frage ist berechtigt, weil die Vorhandwendung leichter zu erlernen ist. Ich mag die Vorhandwendung als „Übung“ nicht, weil sie das Pferd auf die Vorhand bringt. Die Vorhandwendung macht jedes Pferd ohne „Übung“ auch, wen du nur sehr mäßig reiten kannst, die brauchst du nicht zu „üben“.
Die Hinterhandwendung erfordert Aufmerksamkeit und Konzentration von euch beiden! Darum mußt du diese Übung vordringlich auf mentalen Erkenntnissen aufbauen. Kümmerst du dich nur um das mechanisch-körperliche Tun, hängst du in verstaubten Dressurbegriffen fest.

Ich arbeite kein Pferd, sondern ich arbeite *mit* einem Pferd.

Rückwärtsrichten

Du läßt dein Pferd an der Wand, Einzäunung oder dergleichen stillstehen mit Gewicht auf allen vier Beinen. Das hat es schon gelernt. Du sitzt im aufrechten Sitz tief im Sattel und hast deine Beine fühlig am Pferd. Jetzt erweckst du sein Interesse, indem du mit beiden Händen Kontakt am Zügel herstellst, stellst deine Hände breit auf deine Oberschenkel und verstärkst den Kontakt durch zentimeterlanges Zurücknehmen deiner Hände am Oberschenkel, bis das Pferd *sich bei dir einstellt.*
Der Hals wird sich runden, der Nasenrükken in die Senkrechte kommen, und das Pferd wird beginnen zu kauen. Du bist jetzt in der Ausgangsposition. Nun gibst du ein vorsichtiges Signal mit den Schenkeln zum Antreten. Im gleichen Augenblick gibst du deine aufrechte Sitzhaltung durch ein nur wenige Zentimeter betragendes Vorneigen des Oberkörpers auf, um den Weg nach rückwärts freizumachen, und forderst durch deutliches Annehmen eines Zügels (der ander bleibt still in Kontakt, um den Hals geradezuhalten), bis das Pferd verstanden hat und einen Tritt rückwärts macht. Halt und Lob (nur mit der Stimme, weil die Aufmerksamkeit im Maul nicht gestört werden darf)! Daran anschließend der zweite Tritt rückwärts (Lob) und schließlich der dritte und vierte Tritt rückwärts. Wenn du es richtig und einfühlsam machst, lernt das Pferd das in wenigen Minuten.
Halt, Lob und Ende der neu erlernten Lektion. Reite irgend etwas im Schritt, Trab oder Galopp, was dein Pferd schon kennt, bevor du diese Lektion wiederholst.
„Sitzen“ muß es im Kopf des Pferdes („Aha, jetzt weiß ich, was er will“). Mechanisches Weitermachen führt zu peinlichen Rückschlägen. Das Interesse deines Pferdes muß wachgehalten werden; andernfalls würde es

sich zunächst langweilen und schließlich widerspenstig werden.

Niemals bei irgendeiner neu erlernten Lektion in die falsche Ansicht verfallen: „Nun übe ich das so lange, bis es ein für allemal sitzt.“ Das wäre tierpsychologisch grundverkehrt.

Im Laufe der folgenden Tage kannst du das Rückwärtsrichten auf eine bestimmte Anzahl von Tritten und schließlich sogar 4/3/2/1 durchführen.
Wenn du das erreicht hast, ist dein Pferd schon sehr fein auf dich abgestimmt. Es fühlt sich dann so an:

> Halt – rückwärts 1. Tritt (deine Hand wird leicht und fordert durch neues Annehmen den nächsten Tritt), rückwärts 2. Tritt, rückwärts 3. Tritt, rückwärts 4. Tritt – Halt.
>
> Nun vorwärts 4 Tritte – Stop, rückwärts 3 Tritte – Stop, vorwärts 3 Tritte – Stop, rückwärts 2 Tritte – Stop, vorwärts 2 Tritte – Stop, rückwärts 1 Tritt – Stop, vorwärts 1 Tritt Stop, Lob, Lektion beendet.

Wenn die Zuschauer kaum eine Hilfe sehen, war es ausgezeichnet. Niemals eine Rückwärtshilfe „durchziehen“ bis zum Ende! Dein Pferd würde es mißverstehen und sich sogar angewöhnen, rückwärts zu eilen, so daß du die Kontrolle verlierst. Denken! Du sollst dein Pferd nicht dressieren, sondern belehren. Wenn es dann wie tadellose Dressur aussieht, hast du bewiesen, was Rittigkeit ist. Das zieht sich wie ein roter Faden durch das ganze Chiron-System (rittig machen oder Gelände- und Springarbeit) und bringt dir als Ergebnis den *Partner Pferd*. Beim Rückwärtsrichten mußt du daran denken, daß die Trittfolge nicht wie im Schritt ist, sondern diagonal, und das bedeutet, daß du beim Mitzählen der Tritte am Schluß noch „Stop“ denken mußt. Dieses „Stop“ ist das Ansetzen der diagonal tretenden Beine zum Halt auf allen vier Beinen!
Dein klares Denken bringt dir erst das richtige Ergebnis; *bewußte* Bewegung ist das gedankliche Fundament des Chiron-Systems. Wer das begriffen hat, wird nie mehr hektisch und mechanisch herumwerkeln.

Seitengänge

Zu den Rittigkeitslektionen gehören auch die Seitengänge, wie einfaches Schenkelweichen, das auch in Dressurprüfungen Kl. A als Viereck Verkleinern und Vergrößern verlangt wird, Kontraschulterherein und Schulterherein, Travers und Renvers. Alle diese Lektionen werden zur Belehrung im Schritt geübt, bis das Pferd sie verstanden hat. Wie du dabei denken und fühlen mußt, will ich dir erklären.

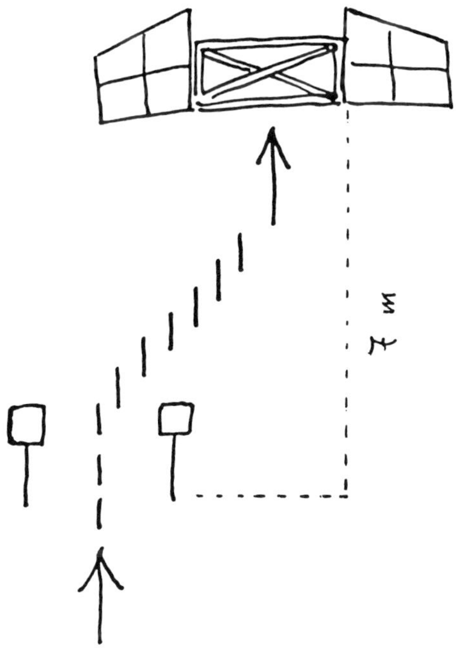

Für Schenkelgehorsam, beherrschte Ruhe und sofortige Bereitschaft zum Springen: Schenkelweichen im Schritt und mit einem oder zwei Galoppsprüngen über das Hindernis.

Schenkelweichen:
Du reitest im zügigen Schritt durch die zweite Ecke der kurzen Seite, sitzt nun deutlicher mit dem Gewicht auf dem Sitzknochen, der der Wand zugekehrt ist, und treibst mit dem gleichseitigen Unterschenkel seitwärts. Du sorgst dafür, daß dein Pferd dabei mit diesem seitwärtstreibenden Schenkel an den gegenüberliegenden Zügel geritten wird und der andere Zügel eine leichte Stellung gestattet. So reitest du bis etwa zur Mittellinie, wo du einige Tritte geradeaus gehen läßt. Sinngemäß dieselbe Übung zurück zur langen Wand. Gib acht, daß die Hinterhand nicht „ausschert" und die Vorhand immer etwas vorausgehalten wird. Wird diese Aufgabe genau durchdacht und bewußt geritten, gibt es keine Probleme (Lob). Darauf bauen sich leicht die weiteren Seitengänge auf.

Kontraschulterherein:
Du setzt die gleichen Hilfen an, hältst nur die Vorhand an der Wand, läßt die Hinterhand etwa einen Schritt zur Mitte zu ausweichen, gestattest mehr Stellung und Biegung und reitest so die lange Wand entlang weiter. Wenn du dich (gefühlsmäßig) so verhältst, als wolltest du die Wand hinaufreiten, werden keine Probleme auftreten.
Ich fange auch mit Kontraschulterherein an und nicht mit dem Schulterherein, weil mir die Wand hilft, das Verständnis des Pferdes rasch zu erreichen. Schulterherein versteht das Pferd nicht so schnell, weil vor seinem Kopf keine Wand oder Barriere ist und es dazu neigt, zur Mitte gehen zu wollen. Um das zu verhindern, brauchst du die Zügel und kommst leicht ins Zerren, womit du dir und dem Pferd einen gesunden Lernprozeß erschwerst.
Da Kontraschulterherein und Schulterherein dasselbe ist, nur ist einmal die Wand auf der Vorhandseite und ein andermal auf der Hinterhandseite, hast du hinsichtlich der Hilfengebung beides bereits im Verständnis des Pferdes verankert.

Travers und Renvers:
Das sind Gegenlektionen wie Schulterherein und Kontraschulterherein. Wenn Pferde mit der Hilfengebung des einen vertraut sind, verstehen sie auch das andere. Es kommt nur auf deine bewußte Arbeit an. Travers und Renvers sind bedeutend schwieriger für das Pferd zu verstehen, weil es *gegen* den (hohlmachenden) treibenden Reiterschenkel gehen muß.
Laß dich nicht täuschen, wenn die meisten Pferde dir den Travers-Galopp anbieten, weil er in der Natur der Galoppade latent vorhanden ist. Wenn es nicht zwischen deinen Hilfen steht, ist es lediglich ein Ausweichen von der geraden Linie. Das ist eine heikle Angelegenheit, die zu beschreiben sehr viele Seiten beanspruchen würde. Denn nach den naturgemäßen Grundgedanken des Chiron-Systems wäre ein Renvers-Galopp genauso unnatürlich (und für die Ausbildung sinnlos) wie der so hochgejubelte Konter-Galopp.
Kümmere Dich in der Grundschule und Spring-Grundschule nicht darum – du könntest sonst zum Beckmesser oder statt zu einem Reiter ein Paragraphen-Reiter werden.
Wie du nun erkennen wirst, sind Dressur-Aufgaben auch im Chiron-System enthalten, denn meine Chiron-Reiter sind in der Dressurprüfung einer Military immer auf den ersten sechs oder sieben Plätzen von etwa 40 Teilnehmern. Die Pferde können das also. Der gravierende Unterschied ist der, daß die Pferde aus tierpsychologischen (und nervlichen) Gesichtspunkten in die rein körperliche Ausbildung eingeführt werden als mitarbeitende Partner. Die dumm-sture Ansicht, das Pferd müsse durch Dressur zum absoluten Gehorsam gebracht werden, damit man mit ihm auch im Gelände oder auf dem Parcours über Sprünge reiten kann, ist ein Erbübel, aus dem dann die „Probleme" entstehen.
Wenn ein Tierlehrer, der mit Tigern auftreten will, sich nicht mit Großkatzen-Psychologie befaßt, würde er eine sehr geringe Überlebenschance haben. Bei der gutmütigen Psyche des Pferdes glaubt man sich darüber keine Gedanken machen zu müssen. Das Chiron-geschulte Pferd geht Dressur, ohne dressiert zu sein, der feine Unter-

Daß Chiron-geschulte Reiter und Pferde auch in Dressur ein gutes Bild abgeben, beweist hier Marion Winkler auf Garban.

schied zwischen Dressur und Rittigkeit. Um das zu erkennen, wirst du eine Renaissance deines Denkens durchmachen müssen, bis auch du den „Aha-Effekt" erlebst.

Für diese in das Dressurgebiet leitenden Lektionen, die zur Horizontalgymnastik gehören, brauchst du dir dann nur die Bügel in Dressurlänge zu schnallen und mit aufgerichtetem Oberkörper zu reiten. Dein Fundament ist nun dein Becken mit den Sitzknochen, also dein korrekter Dressursitz, von dem alle Hilfen ausgehen und an den alle Hilfen zurückkommen.

Mental muß dein Pferd hinzulernen, daß es dabei einzig und allein auf dich und deine Hilfe zu achten hat, seine Selbständigkeit unterlassen muß und auf deine minimalen Gewicht-, Schenkel- und Zügelhilfen zu reagieren hat. Das lernt dein Pferd sehr schnell zu verstehen, weil es in der Grundschule gelernt hat, dir zu vertrauen. Den Zeitpunkt, wann du damit beginnen kannst, erkennst du an der Losgelassenheit deines Pferdes. Wenn beim aufrechten Sitzen im Trab und Galopp dein Pferd in der Hand hart wird, womöglich Hals und Kopf aufrichtet und an dir „Anlehnung" sucht, ist sein Rücken noch nicht reif für die neue Aufgabe. Das Wort „Anlehnung" (das üblich ist), habe ich in Anführungszeichen gesetzt, weil es mißverständlich ist, denn bei Pferd und Reiter soll sich keiner am anderen anlehnen. Darum vermeide ich das Wort und sage dafür Kontakt.

Langer Rückenmuskel und Nackenband

Nun wirst du mit Recht fragen, was heißt denn: „... der Rücken des Pferdes ist noch nicht reif dafür"?
Das Nackenband ist ein sehniges Band, das sich vom Hinterhauptbein über den Widerrist und die Dornfortsätze bis zum Kreuzbein erstreckt, während der lange Rückenmuskel in der Beckengegend beginnt und sich vom Kreuzbein aus links und rechts der Wirbelsäule erstreckt, wo er sich mit dem breiten Rückenmuskel und den Hals- und Brustmuskeln vereint.
Die Formation seiner Faserung läuft von hinten-oben nach vorwärts-unten. Was bedeutet diese anatomische Konstruktion in der Ausbildung? Der Rücken ist die Zentrale für das Zusammenwirken der Bewegungsabläufe *und* der psychischen und nervlichen Faktoren!
Erinnere dich daran, daß Sehnen unermüdlich sind, Muskeln hingegen ermüdbar. Nachdem du in der Grundschule mit Hilfe der Dehnungshaltung das sehnige Nacken-

Die Muskulatur des Pferdes

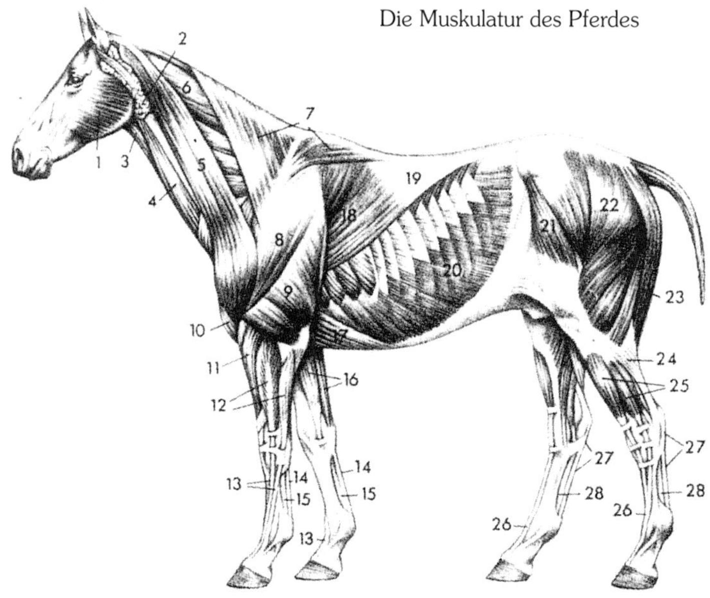

1 Kaumuskel
2 Ohrspeicheldrüse
3 Brust-Zungenbeinmuskel
4 Brust-Kiefermuskel
5 Oberarm-Kopfmuskel
6 Milzförmiger Muskel
7 Kappenmuskel
8 Grätenmuskel
9 Vorarmstrecker
10 Oberfl. Brustmuskel
11 Strecker des Vordermittelfußes
12 Zehenstrecker
13 Sehnen der Zehenstrecker
14 Oberfl. Beugesehne
15 Tiefe Beugesehne
16 Beuger der Vorderfußwurzel
17 Tiefer Brustmuskel
18 Breiter Rückenmuskel
19 Rückenlendenbinde
20 Bauchmuskeln
21 Kruppenmuskeln
22 Auswärtszieher des Hinterschenkels
23 Einwärtszieher
24 Achillessehne
25 Zehenstrecker
26 Sehnen der Zehenstrecker
27 Oberfl. Beugesehne
28 Tiefe Beugesehne

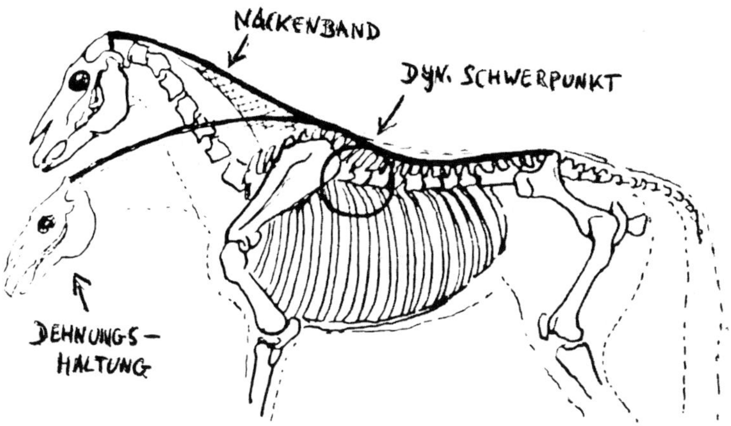

Das Nackenband und die Dehnungshaltung

band in Aktion gesetzt hast, um die Rückenwirbelbrücke zu stützen, hast du den langen Rückenmuskel entlastet. Damit hatte er Gelegenheit und Zeit, durch Arbeit zu wachsen und kräftig zu werden. Je kräftiger er wird, um so weniger Unterstützung braucht er. Schließlich ist er so „in Form“, daß er spielend dein aufrechtes Reitergewicht tragen kann.

Durch vermehrtes Untertreten der Hinterhand kommt nun der lange Rückenmuskel seinerseits (begünstigt durch seine Faserung) zum Einsatz (Tragen). Die alten Meister der Dressur nannten das „relative Aufrichtung“, weil sie klug genug waren, das Pferd nicht mit den Händen aus weg-gesessenem Rücken in die Dressurhaltung reiten zu wollen. So wie auch die wirklichen und guten Dressurreiter ihre Pferde aus der Dehnungshaltung in die Gebrauchshaltung und dann erst in Dressurhaltung bringen. Weil aber ein Nichtbeachten (oder Nichtwissen) dieser elementaren Aspekte heute offenbar als nebensächlich betrachtet wird, gibt es so viele psychisch und nervlich gestörte Pferde, die körperlich schnell verbraucht sind.

Die *durchschnittliche Lebenserwartung* des Sportpferdes liegt heute nach der Statistik der Tierversicherungs-Gesellschaften bei *etwa 9 Jahren!* Das liegt natürlich einesteils am krankhaften Ehrgeiz der Reiter, die rücksichtslos nach Erfolgen jagen, andererseits aber an Ausbildungsrichtlinien, die folgerichtige Gedanken ignorieren, zum Elend der Pferde. Der Versuch, Symptome zu bekämpfen, wird nichts ändern, weil die Ursachen nicht erkannt werden.

Nach diesem Ausflug in das Kapitel der Dressur will ich dir nun weiterhelfen bei der Fortbildung deines Gelände- und Springpferdes und bitte dich, dabei die Komplexität des Chiron-Gedankens mit deiner Denk- und Vorstellungskraft zu erkennen.

Wenn es nicht recht klappt:

Hierzu ist alles in diesem Kapitel gesagt. Fehler entstehen (wie immer) durch Ungeduld und mangelndes Einfühlungsvermögen. Nimm dir Zeit, bis dein Pferd verstanden hat, was du eigentlich willst. Diese Überleitung zur Dressur, wo es ihm unverständliche Übungen tun soll, mußt du wieder mit großer Geduld angehen, weil das der beste und schnellste Weg ist. Wirst du hektisch, lernt dein Pferd nur, sich dem ihm Unverständlichen zu widersetzen. Mach alles im Anfang nur im Schritt, weil ihr beide dabei mehr Zeit zum Überlegen und Fühlen habt.

17. Erste Lektionen in Parcours-Technik

Deine erste Aufgabe wird es sein, für einen kleinen Übungparcours zu sorgen, der dir die Möglichkeit gibt, über etwa 12 unterschiedliche Arten von Hindernissen sinnvoll mit deinem Pferd zu arbeiten. Wenn du bisher über Höhen von etwa 0,80 m die Reflexbahnen deines Pferdes so geschult hast, daß es Spaß an der Sache gefunden und flott und fröhlich mitgespielt hat, ist es soweit, daß du bis zu 1,00 m und 1,10 m in der Höhe und bis zu 1,20 m in der Weite (z. B. bei kleinen Oxern) gehen kannst,

Einmal geschulte Pferde laufen auch dann nicht vorbei, wenn die Fänge fehlen und die Hindernisse höher werden (Annette Christ auf dem Shagya-Araber Oberon, Lipsia 1994).

ohne auf Schwierigkeiten zu stoßen. Vergiß nicht, an alle Hindernisse Fänge zu stellen, um nicht etwa durch Einwirkung deiner Hände das Pferd bei seiner Aufgabe zu stören. Über *diese* Höhen muß dein Pferd noch absolut selbständig arbeiten, wie es das bisher erlernt hat. Dazu helfen dir die Fänge, die dein Pferd „einladen", dort zu springen, wo es soll!

Es ist eine nachweisbar falsche Ansicht zu glauben, daß Pferde dann später ohne Fänge, wenn nur winzige Bäumchen neben den Sprüngen stehen oder sogar gar nichts, sofort die Gelegenheit ausnützen vorbeizulaufen. Die psychische Grundlage der Springausbildung macht es dem Pferd zur Gewohnheit, das zu springen, was im Weg steht. Kurz gesagt: Du reitest bei den ersten Parcours-Lektionen genauso wie in der Springgrundschule. Das Pferd fördert sich in seiner Technik selbst, wenn du es im korrekten leichten Sitz reitest, auf Rhythmus achtest und es in der Arbeit begleitest, ohne es durch besonders aktive treibende oder hemmende „Hilfen" zu beeinflussen.

Weil du durch deine bisherige Grundschule erkannt hast, daß du dein Pferd niemals ohne Rückschläge und Mißgeschick zum Springen zwingen kannst, wendest du beim ersten Parcoursspringen alles das an, was du bisher mit deiner Vernunft erkannt hast. Bitte nicht gleich den ganzen Parcours springen. Du läßt erst mal dein Pferd mit den Hindernissen, die da in reichlicher Anzahl aufgestellt sind, bekanntwerden, reitest an jedes Hindernis im Schritt heran und läßt es daran schnuppern. Laß es so lange rechtwinklig davor stehen, bis es Hals und Kopf lang macht und sich dafür interessiert (Lob, Bonbon).

Dann reitest du das Hindernis an, rhythmisch mit klarem Bewußtsein, was du willst,

Nimm dir Zeit, dein Pferd mit unbekannten Hindernissen bekannt zu machen.

und nimmst das Pferd nach dem Sprung zum Trab, Schritt und Halt zurück (Lob, Bonbon). Das machst du am ersten Tag mit jedem Hindernis so, um deinem Pferd die Chance zu geben, das zu lernen, was du willst. Die aufgewendete Zeit und Geduld machen sich überraschend schnell bezahlt. Was hast du damit getan?
Du hast strukturelle Prägungen geschaffen. Aus diesen Prägungen heraus können die Körperzellen und Hirnzellen des Pferdes deinen Anweisungen folgen, ohne besondere mechanische Aufforderungen dazu zu benötigen.
An einem folgenden Tag (je nach Erfolg) springst du Hindernis 1, 2 und 3 in Parcours-Folge – Stop, Lob, Bonbon. Dann, nach Schrittpause mit weggelegtem Zügel, Hindernis 4, 5, 6 – Stop, Lob, Bonbon. Und so weiter, bis du auf diese Weise den ganzen Parcours durchgesprungen bist. Sobald du keine Schwierigkeiten mehr erkennen kannst, reitest du den kompletten Parcours in einem durch. Warum diese Umstände? Denk nach! Das Pferd hat gelernt, nicht aufgeregt oder heftig zu werden und so viele oder so wenige Hindernisse zu springen, wie du es willst. Du kannst es auch anders ausdrücken: Du beherrschst dein Pferd nicht (nur) mit Sitz, Schenkeln und Hand, sondern mit deiner Vernunft. Du bist dabei, dein Pferd zum Partner zu machen. Das ist Chiron.

Wenn es nicht recht klappt:

Um alle Pannen von Anbeginn zu vermeiden, fang mit Hindernissen nicht über 0,80 m an. Reite schulmäßige Springgrundschule und mach nicht den Fehler,

Bei unsicheren oder verdorbenen Pferden wirkt anfangs ein Führpferd Wunder.

schon auf Zeit „üben" zu wollen. Das kannst du später tun. Hast du ein „schüchternes" Pferd, laß ein gutes Führpferd vorausgehen, das ist die denkbar beste „Hilfe", um dein Pferd daran zu gewöhnen, zügig und rhythmisch zu gehen.

Wenn die Schüchternheit schwindet, entwickelt sich mit der Erfahrung die Courage, und du hast gewonnen. Mit bereits „zuschanden dressierten" und springnervösen Pferden steht dir eine Sisyphusarbeit bevor, denn diese nervenzerrütteten Tiere müssen erst *alles vergessen,* was sie bisher im Springen gelernt haben. Du mußt bei den allerersten Lektionen der Grundschule anfangen, sonst sitzt du immer wieder fest, wirst ärgerlich und ungeduldig und kommst aus dem „circulus vitiosus" überhaupt nicht mehr heraus.

So entstehen nämlich die armen Geschöpfe, die oft teuer zum Kauf angeboten werden mit der Anpreisung „Der hat sogar schon M- und S-Hindernisse gesprungen, der muß nur lernen, was Gehorsam ist, und den werden wir ihm schon beizwiebeln." Du tust das nicht (und willst das künftig nicht mehr tun, sonst hättest du dir ja nicht ein Chiron-Buch gekauft), aber ich will es einfach erwähnen, weil das hundertfach so abläuft.

Mußt du aus irgendwelchen Gründen aber mit so einer armen Kreatur arbeiten, überdenke alles bisher Gesagte, arbeite nur mit Führpferd und „Zuckertüte", bis das Pferd bisher Erlebtes allmählich vergißt und ganz leise und zart das Vertrauen heranwächst.

18. Bodenwellen und Geländesprünge, Speichenwirkung

Diese Sprünge gehören zum Besten, was du deinem Pferd zur größtmöglichen Vollendung seiner Reflexbahnen anbieten kannst. Das Fatale ist nur, daß man heute fast kein Interesse mehr daran hat. Auf Turnierplätzen gibt es nur darauf gestellte Hindernisse, die dann wieder abgeräumt werden, wenn die Show abgezogen ist.
Wer nicht am Geländereiten, „Buschreiten" (Military), interessiert ist, kümmert sich überhaupt nicht darum, weil es bei den Parcours-Hindernissen fast nirgends mehr Wälle, irische Sprünge, Senken usw. wie etwa beim Hamburger Spring-Derby gibt.
Der normale Parcours braucht dafür keine Schulung, also macht man die Pferde mit allen sinnlosen und oft sogar brutalen Hilfsmitteln „scharf" für die Platz-Jumperei. Über das Leistungssport-Reiten in der Q-Strecke einer heutigen Military am zweiten Tag ist nachzulesen in Teil II, Kapitel 5.
Heute, im Lauf unserer Betrachtungen, wollen wir über die Schulung deines Pferdes dafür weiterdenken. Wer im Kreis um Lübeck beheimatet ist, dem sei empfohlen, den ausgezeichneten Übungsplatz am „Süseler Baum" zu besuchen (nach Voranmeldung natürlich). Selbst eine weitere Anreise dahin lohnt sich! Dort finden sich Geländehindernisse in allen Schwierigkeitsgraden, die für das Anfängerpferd bis zum Leistungspferd geeignet sind.
Bodenwellen unterschiedlicher Art schulen dich und dein Pferd außerordentlich in der Vertikalgymnastik. Dein Pferd lernt dabei spielend, seinen Rücken zu gebrauchen, wenn du in allen Gangarten zügig, also rhythmisch, darüber reitest, und du lernst dabei, dein Pferd in seinen Bewegungen zu begleiten aus einem gefestigten Fundament heraus mit federnder, gut zurückgenommener Hüftpartie, mit fühlenden Händen oder völligem Nichtgebrauch deiner Hände, wenn dein Pferd schon selbständig zu arbeiten gelernt hat. Diese Elastizität kommt dir bei allen weiteren Geländesprüngen besonders zustatten. Du wirst das dringend brauchen, wenn du später über schwierigere Sprünge reiten willst.
Wie in der allgemeinen Ausbildung über Cavaletti und Staccionate beginnst du natürlich mit dem Springen über leichte Hindernisse und deren Kombinationen. Schule dein Pferd bei diesen niedrigen Anforderungen grundsätzlich über *feste* Hindernisse. Laß es aus der Erfahrung lernen und glaube auch hier nicht, du müßtest das deinem Pferd mit besonderen Zügel- und Schenkelhilfen „beibringen". Es lernt es selbst, wenn du nur für fleißigen Rhythmus sorgst. Das ist das Zaubermittel, mit dem du alles entwikkeln kannst.
Bei diesen Lektionen im Gelände-Übungspark wirst du entdecken, daß dein Pferd unglaublich schnell lernt, solange du es beim Lernen nicht störst, da diese Geländearbeit der Naturveranlagung des Pferdes bedeutend leichter verständlich ist als die Arbeit über bunte Zäune, Planken, Mauern und diverses „Stangelwerk". Die Fortschritte werden deine Erwartungen übertreffen! Behalte die Nerven und gib ihm keine Absprünge an! Begleite es, aber achte konsequent auf den Rhythmus!
Vergiß dabei nicht, daß Rhythmus das Individuellste eines jeden Lebewesens ist. Bei dem einen Pferd läuft der Rhythmus auf „langer Welle", bei einem anderen Pferd auf „kurzer Welle". Mit einer gewisssen *Anzahl* von Galoppsprüngen hat das nichts zu tun!

Nur mit leichter Tuchfühlung am Hals, ohne jede Zügelanlehnung, zieht das Pferd beim Geländetraining den Baumstamm an, springt sauber und galoppiert gelassen weiter (von rechts nach links, Sebastian Broich/Palisander).

Die ganze aktive „Hilfengeberei", um dem Pferd die Elemente des Springens „beizubringen", ist das Erbübel der Springdressur. Inwieweit du bei schwierigeren Sprüngen deinem Pferd wirklich *helfen* kannst, erkläre ich später. Beginnt man nämlich jetzt schon damit, macht man sein Pferd unselbständig, und das führt zu Unannehmlichkeiten, die Reiter und Pferd gleichermaßen die Freude verderben und bei schweren Anforderungen sogar gefährlich bis lebensgefährlich werden können. Je mehr aber das Pferd zum Partner wird, desto mehr Freude und Sicherheit haben beide.

Die unterschiedlichen Geländesprünge

Der entscheidende Unterschied gegenüber den gebräuchlichen Hindernissen auf ebener Erde ist der Niveau-Unterschied. Das ist für dein Pferd ein neues Erlebnis, denn es muß seinen Körper von einer Ebene hinauf – über die *„Speichenwirkung"* auf ein erhöhtes Plateau – und/oder von dort hinunterbringen.
In der Bewegungsfolge des Auffußens, Stützens und Abschwingens eines jeweiligen Vorderfußes des Pferdes muß das Körpergewicht über den Kulminationspunkt des Stützmoments hinweggehoben werden.

Die Speichenwirkung im Galopp auf der Flachen

Hierbei wirkt das jeweilige fußende Vorderbein wie eine Speiche, während die Hinterbeine durch ihre gelenkige Verbindung mit dem Rumpf und ihre kräftige Muskulatur bei Ausnutzung ihrer Beugefähigkeit Antrieb und Schwung der Bewegung entwickeln. Im aufrechten Belastungssitz müssen die Muskeln des Rückens und der Hinterhand eine vermehrte Leistung vollbringen, um das Reitergewicht zum Kulminationspunkt des Stützmoments des jeweiligen Vorderbeins hinauf- und darüber hinwegzubringen. Im leichten Sitz bringt der Reiter sein Gewicht selbst dem Kulminationspunkt entgegen. Er erleichtert damit dem Rücken und der Hinterhand des Pferdes die Arbeit, so daß die Kraftentfaltung in größerem Maße der Leistung zugute kommt.
Wenn man sich klar darüber ist, daß der *dynamische Schwerpunkt* etwa dort liegt, wo sich das Knie des Reiters im korrekten leichten Sitz befindet, so hat man nur noch zu überlegen, wie die Position von Schulter, Hüfte und Fuß des Reiters sich dem anzupassen hat, um die Haltung mit dem jeweiligen Bewegungsablauf zu synchronisieren. Dieses Erkennen bringt uns die sinnvolle Anwendung des *aktiven* leichten Sitzes.
Die Speichenwirkung auf ebener Erde macht sich dir in der Galoppade fühlbar durch das wellenartige Wiegen der Bewegung. Der kraftvolle Ab-druck und Ab-schub der Hinterbeine bringt das Gewicht nach vorn zu einem Vorderbein und zwar über den Moment des Auffußens über den Kulminationspunkt hinweg zum Abfußen, bis das andere Vorderbein dasselbe in der Fortsetzung der Bewegung übernimmt (Auf- und Ab-Gefühl). Dieses mußt du sinnvoll mit deinem Reitergewicht begleiten. Dieses Begleiten ist beim Springen auf ein erhöhtes Plateau ungeheuer wichtig. Du lernst es nur aus einem erstklassigen „Fundament" heraus, welches dir die Möglichkeit gibt, mit gut

Auch hier gut zu sehen: Die Speichenwirkung beim Landen nach dem Sprung (Antonia Würtz/ Bojar).

Linke Seite (von links oben nach rechts unten): Hier springt das Pferd, wieder völlig selbständig und vom Reiter nur weich begleitet, nicht „unterstützt", über zwei Naturhindernisse in Folge. Nach dem zweiten Sprung fällt das Gelände ab (Oliver Schmidt-Nechl/Sandrine, VS-Kurs Lohmar 1994).

Gut erkennbare Speichenwirkung beim Sprung auf einen Wall

zurückgeschobener Hüfte die Schultern tief zu nehmen, um mit nachgebenden Händen dem Pferd zu ermöglichen, diese Aufgabe zu erfüllen. Stell dir diesen Vorgang bildlich vor, und du wirst keine Fehler mehr machen.
Vergegenwärtige dir, daß dein Pferd bei einem solchen Aufsprung weitaus mehr Kraft einsetzen muß, weil es sich über die Speichenwirkung hinwegbringen muß, um nicht beim Einknicken der Vorderbeine auf die Nase zu gehen. Das Pferd hat ja auf ebener Erde nicht die Möglichkeit, wie bei einem Sprung zu „basculieren" – und das mußt du ihm durch deine Sitzposition erleichtern. Die klare Erkenntnis der Speichenwirkung ist nirgends von so eminenter Tragweite wie bei Geländesprüngen bergauf und bergab. Wenn du das nicht genau erkennst, ruinierst du die Vorderbeine deines Pferdes in kurzer Zeit.

Hier kommt das logisch durchdachte Wissen über den korrekten, effektiven leichten Sitz zum Tragen. Statische Betrachtungen müssen völlig anders erkannt werden als dynamische.
Schauen wir uns jetzt die Bilder an, die solche Geländesprünge zeigen. Beachte bitte die Speichenwirkung, Rückenarbeit sowie Kopf- und Halshaltung des Pferdes und natürlich auch die Reiter.

Und so sieht die Speichenwirkung in der Praxis aus (Süseler Baum).

Wasser und Wassersprünge

Wasser ist für jedes Pferd etwas ganz Natürliches! Du wirst keine Schwierigkeiten haben, wenn dein Pferd nicht durch irgendeinen Springdresseur am Wasser verdorben worden ist.

Vertrauensvoll folgt der Neuling einem Führpferd.

Ist das Vertrauen erst einmal gefestigt, gehören Einsprünge ins Wasser zu den leichtesten Übungen.

Hast du ein unverdorbenes Pferd, so spiele mit ihm an Wasserpfützen, im Teich oder im fließenden Wasser. Geh im Schritt hinein und laß es darin zügig weitermarschieren. Dann hältst du an, läßt es trinken, wenn es will, und reitest geradeaus oder in Kreisen darin herum. Paß gut auf: Es gibt Pferde, die Wasser sehr lieben und dazu neigen, sich hinzulegen. Das kündigt sich an, indem dein Pferd plötzlich stehenbleibt, ohne daß du es willst, im Wasser herumschnuddelt, mit einem Vorderbein planscht und unter dir langsam kleiner wird, um sich dann ganz niederzulegen. Da mußt du sehr energisch vorwärtsreiten und ihm zeigen, daß es das nicht gibt. Schließlich reitest du im Trab und Galopp durchs Wasser, daß es nur so spritzt. Damit ist dann endgültig die Freundschaft mit dem Element Wasser geschlossen. Prüfe genau, ob das Wasser sich zu diesem Vergnügen eignet, denn sumpfige Stellen, plötzliche Tiefen, mit Untiefen wech-

Wasserein- und -aussprung. Die Speichenwirkung ist deutlich zu sehen.

selnd, oder Felsbrocken können das gewonnene Vertrauen schnell zunichte machen. Vergiß niemals, daß alle körperlich-gymnastische Arbeit nur zum gewünschten Erfolg führt, wenn sie psychisch und nervlich fundiert ist! Wenn du dein Pferd zu irgend etwas mit Gewalt zwingst, bekommst du einen unberechenbaren Neurotiker, mit dem es später in einer Querfeldeinstrecke zu gefährlichen Situationen kommen kann. Erkenne genau den Unterschied zwischen energischer Aufforderung und Zwang. Das gilt nicht nur beim Wasser, sondern grundsätzlich.

Nun bist du mit deinem Pferd so weit, daß du ohne jede Schwierigkeit über einen kleinen Einsprung ins Wasser springen kannst und umgekehrt wieder aus dem Wasser heraus. Das ist nichts Besonderes mehr. Nur beachte: Gehe nur an flache Einsprungstellen und nur im Arbeitsgalopp oder im Trab an die letzten Meter heran. Wasser bremst – und wenn du mit vollem Schwung im Wasser landest, kannst du ein Bad nehmen, und dein Pferd kann die Beine und das Vertrauen verlieren. Ist das Wasser an der Landestelle nicht mehr als etwa 15 cm tief, kannst du bei gutem Boden mit mehr Tempo hineinreiten. Bei etwa 50 cm Wassertiefe mußt du den Einsprung sehr ruhig und vorsichtig machen, sonst gibt es Überraschungen, die unangenehm sein können.

Ist dir alles bisher gut gelungen, springst du von einem Plateau ins Wasser und umgekehrt wieder heraus. Beim Einsprung bleibst du im gut fundierten leichten Sitz, stellst die Hände am Hals (dicht vor dem Widerrist) auf und drückst damit dein Pferd gewissermaßen hinunter. Lehn dich um Himmels willen nicht hintenüber, um (vermeintlich) dein Pferd stark einsitzend da hinunterzuzwingen. Du würdest dir die zukünftige Arbeit für alle Arten von Tiefsprüngen verderben und obendrein die Vorderbeine stark belasten, weil dein Reitergewicht wie mit einem Vorschlaghammer die landenden Vor-

Jetzt gilt es: Marion Winkler mit ihrem Vollblutaraberhengst Garban auf der Geländestrecke.

derbeine (Speichenwirkung!) in den Boden treiben würde. Es entstünde eine Art Stop, den du dann durch plötzliches Vorwerfen des Oberkörpers überwinden müßtest, um wieder „in Gang" zu kommen. Auch deine Zügel, die bei dieser Manier zu lang geworden sind, müßtest du mit hastigen Bewegungen wieder in den Griff bekommen. Also alles unnötige, stark hindernde (pumpenschwengelartige) Bewegungen von Oberkörper und Händen! Tu es nicht, auch wenn du es von manchen erfolgreichen Reitern sehen solltest, denn es ist nicht die vorteilhafte Gelände-Springschule.

Wassergräben, Oxer mit Wasser darunter und ähnliches

Überbauter Wassergraben

Hast du keinen Teich oder dergleichen, wie eben beschrieben, zur Verfügung, sondern nur einen Wassergraben, wie er auf Turnierplätzen zu finden ist, beginnst du zunächst genauso mit der Vertrauensbildung. Weil dein Pferd aber solche Turnierwassergräben ja springen muß und nicht darin planschen soll, wirst du bei den ersten Springversuchen erleben, daß dein Pferd durch die Pfütze durchgaloppiert. Das ist nur natürlich, und du brauchst nicht „ach weh" zu schreien. Mache deinem Pferd klar, was du willst.

Die Springdompteure reiten „volle Pulle" dagegen und nehmen sich mit langen Peitschen bewaffnete Helfer, die das Tier hinüberfeuern. Dann springt es – vielleicht. Aber es hat von nun an eine böse Prägung: Es hat einen Wassergraben-Horror! Du machst es natürlich anders und „überbaust" den Wassergraben mit einer Stange, die etwa 60 cm in der Mitte über dem Wasser liegt, und legst an die Absprungstelle Stangen, die markieren, wo dein Pferd abspringen soll. Da dein Pferd wassersicher geworden ist, wird es das sofort verstehen und den Graben springen, wenn du im Arbeitsgalopp zügig und energisch anreitest.

„Energisch" bringst du zum Ausdruck durch ein couragiertes Anreiten und *nicht* durch zwanghaftes Einwirken!

Es geht immer und ist hundertfach von mir erprobt worden, mit meinen Pferden und denen meiner Schüler. Wenn du besonders sichergehen willst, überbaust du noch mit einer zweiten Stange etwa 30 cm hoch zwischen der Mittelstange und der Absprungstange am Boden.

Damit hast du schon die Vorübung für einen mit Wasser ausgestatteten Oxer, den du vernünftigerweise mit einer 10 bis 20 cm niedrigeren Vorderstange aufbaust. Das wiederum tust du aus der Erkenntnis, daß ein Karree-Oxer bedeutend schwieriger für das Pferd zu taxieren ist.

Der Gedankengang ist, die Schulung deines Pferdes derart aufzubauen, daß es aus der Struktur des Hindernisses selbst erkennt, wie man damit fertig wird. Nun kannst du deine Phantasie weiter spielen lassen, die überbauten Stangen weg- und nur eine in niedriger Höhe vorn über die am Boden liegenden Absprungstangen liegen lassen.

Dann bleiben nur die Absprungstangen lie-

gen, die du auch durch kleine Hecken ersetzen kannst oder durch Mauerteile; dann hast du einen „offenen Graben".
Am Ende deiner stufenweisen Schulung läßt du die Absprungstangen liegen und setzt an die Landungsseite einen Sprung von etwa 0,60 cm. Nun hat dein Pferd alles erlernt, was bei Wasserkombinationen nötig ist zu wissen. So einfach ist das, wenn man nur den psychologischen Aufbau des Chiron-Systems erkannt hat.

Wenn es nicht recht klappt:

Keinerlei Schwierigkeiten treten auf, wenn du nicht in elementare Fehler (körperlich und geistig) zurückfällst. Achte darauf! Es ist unglaublich schwer, an sich selbst zu arbeiten und alte „Dressate" dabei loszulassen. Unvermeidliches Mißgeschick wirst du erfahren, wenn du nicht Fundament und Rhythmus beachtest. Eventuell auch hierbei ein gutes Führpferd und viel Lob verwenden; das wirkt Wunder!

Wo ist das Problem?

19. Wälle, Terrassen, Tiefsprünge

Das einfachste Plateauhindernis ist das sogenannte Billard. Es geht auf einer Seite über etwa 80 cm hinauf und auf der anderen genauso herunter. Das ist eine Elementaraufgabe, wobei das Pferd lernt, nicht *über*, sondern *auf* ein Hindernis zu sprin-

Links: So fängt es an: Über Stufen Abstieg vom Billard (Reken 1994).

Unten links: Auch für heutige Maßstäbe ein beträchtliches Hindernis, das hier Eduard F. Pulvermann (Begründer des Hamburger Derby-Parcours und Erfinder des berüchtigten „Pulvermanns Grab") 1925 in Dresden mit seiner „Herzdame" in vorbildlichem Vorwärtssitz bewältigt.

Unten rechts: Auf ein Plateau hinauf – oben über ein Rick – vom Plateau hinunter. Dabei kommt man leicht zu hoch aus dem Sattel und muß sehen, daß das Fundament beim Landen wieder in Ordnung ist (Autor auf „Faun", 1951).

Rechte Seite: Das Pferd darf sich die neue Aufgabe ansehen und löst sie dann in glänzendem Stil (Sonja Rooks/Kora).

gen. Dabei wird ihm bewußt, daß es mehr Kraft braucht, um über den Kulminationspunkt seiner Speichenwirkung zu kommen und genügend Schwung mitzubringen, um oben auf dem Plateau flott weiterzukommen. Dieses Kennenlernen und Sich-bewußt-werden neuer Bewegungsabläufe ist ungeheuer wichtig, damit das Pferd (wie auch du selbst!) sich schnell reagierende Reflexbahnen aneignet.
Das Chiron-Prinzip, alles das aus dem Rhythmus zu entwickeln, steht wieder im Vordergrund. Du mußt Aufmerksamkeit und Konzentration dafür haben, und du und dein Pferd lernen das spielend aus dem *gepflegten* Rhythmus. Jede aktive „Hilfe“ darüber hinaus, wie Bremsen und „Abfeuern“, ruinieren dir und dem Pferd die Freude und den Erfolg der Arbeit.
Wenn du auf der einen Seite des Billards einen kleinen Graben (etwa 60 cm tief und 80 cm weit) und Balken oder Faschinen hast und die andere Seite mit Ziegelsteinen gemauert ist, hast du schon mehrere Möglichkeiten, die du von beiden Seiten reiten kannst. Auch hierbei stellst du Fänge auf, damit du dein Pferd nicht durch geradehaltende Zügelhilfen am Mitarbeiten hinderst. Du weißt, was du willst, und du planst den Sprung exakt voraus; dein Pferd weiß es anfangs nicht und muß es aus Erfahrung lernen! Beim Lernen darf man niemanden stören, sonst wird nichts draus! Später kannst du mit beweglichen Hindernissen, wie Stangen, Planken etc., oben auf dem Billard oder dahinter am Boden deine Phantasie spielen lassen. Damit ist der Grundstock für weitere Arbeit über derartige Geländehindernisse gelegt.
In einem Gelände-Springpark findest du dann alle Sorten von Wällen und Terrassen. Tiefsprünge sind eine Sache für sich, auf die das Pferd bereits mit dem Billard vorbereitet wurde. Mit dieser Erfahrung kann das Pferd nun leicht weiterlernen. Solange es sich um Gelände-Springgrundschule über Höhen von etwa 0,80 m handelt, kümmerst du dich nur um den Rhythmus, behältst deine Nerven, wirst nicht hektisch, begleitest die Bewegungen deines Pferdes und freust dich an der spielerischen Leichtigkeit, mit der dein Pferd lernt.

Wenn es nicht recht klappt:

Hier gilt, was ich schon im vorigen Kapitel an gleicher Stelle gesagt habe.

Rechte Seite:
Absprung vom Wall – das Pferd arbeitet völlig selbständig (Oliver Schmidt-Nechl/Sandrine).

20. Tiefsprünge und „Cat-jumping“

Hier noch einmal Aufsprung auf einen Wall und Absprung, im effektiven leichten Sitz und voller Harmonie (Oliver Schmidt-Nechl/Sandrine)

Bei „zahmen" Tiefsprüngen am sanften Hang bergab brauchst du dich um nichts weiter zu kümmern, als daß dein Pferd nicht ins Eilen kommt (also wieder Rhythmus!). Wenn es aber unfreundlich steil wird, mußt du dein Pferd aus dem bisherigen Rhythmus herausnehmen, eventuell bis zum Trab oder gar Schritt zurückgehen. Dieses Zurücknehmen im Tempo (oder der Gangart) geschieht aus dem korrekten leichten Sitz mit zurückgenommenen Hüften, gut in die Hangneigung gestemmtem Fundament und am Hals aufgesetzten Händen. Dabei steht eine Hand (mit Kontakt!) fest über dem Hals, während die andere Hand mit Intervall das Tempo drosselt.
Du wirst oft sehen, daß sich der Reiter, um das Tempo aufzunehmen, aufrichtet, ja oft hintenüberlegt und mit den lang gewordenen Zügeln zu bremsen versucht. Bitte nicht, es ist miserable Geländeschule! Du brauchst nur 10 Sekunden bei etwas Vorstellungskraft, um das zu erkennen, aber du wirst es nur schlecht los, wenn du eine falsche Prägung erhalten hast. Beim Pferd ist das genauso, weil die Einheit von psychologischen, nervlichen und körperlichen Faktoren untrennbar ist.
Kommst du schließlich mit einem fortgeschrittenen Pferd an einen „problematischen" steilen Einstieg, der an den ersten ein bis zwei Metern fast senkrecht hinuntergeht, dann in seiner Steilheit abnimmt und schließlich mit einem Sprung über ein Hindernis endet, mußt du deinem Pferd zeigen, was „Cat-jumping" ist, damit du heil durch diese Aufgabe durchkommst.

„Cat-jumping"

Beobachte eine Katze, wie sie von einem Schrank hinunter auf den Boden springt. Sie läßt die Hinterbeine angewinkelt oben, geht mit Hals, Kopf und Vorderbeinen an der Schrankwand hinunter und läßt sich dann fallen. Das ist es! Für solche prekäre Leistung ist das die einzige sichere Lösung. Du belehrst dein Pferd folgendermaßen:

Wie eine Katze läßt sich das Pferd bei steilen Absprüngen erst mit den Vorderbeinen hinabgleiten, bevor es abspringt.

Du führst es im Schritt dicht an die Einstiegsstelle einwandfrei gerade (!) heran, forderst es auf, mit den Vorderbeinen hineinzurutschen – aus erstklassigem leichten Sitz mit gutem Fundament –, drückst es mit beiden Händen am Hals hinunter und sprichst mit ihm. Wenn es die stark gewinkelten Hinterbeine nachzieht, tust du nichts mehr! Du begleitest dein Pferd bei der Rutschpartie und bist für alles Kommende in deiner Sitzposition schon voll und ganz bereit. Auch für einen kurz dahinter folgenden Sprung bist du schon in der Position voll da, ohne daß du dich aus einer hintenübergelegten Haltung nach vorn (ruckartig, denn es geht sehr schnell!) begeben und deine Zügel erneut in Kontakt bringen müßtest.
Diese Manier mußt du erlernen – genau wie dein Pferd! Tust du es nicht, ist es besser, auf derartiges Geländereiten zu verzichten, wenn du nicht ein stümperhafter Querfeldeinreiter bleiben willst, der das Nichtkönnen lediglich durch ein Superpferd kompensie-

ren läßt. Das klingt hart, aber es ist so. Wenn du folgerichtig denkst, entwickelt sich dann alles aus den vorigen Kapiteln von selbst. Weil dein gut fundiertes Fundament dir automatisch die Fähigkeit verleiht, die Speichenwirkung zu begleiten, schonst du darüber hinaus auch die strapazierten Vorderbeine deines Pferdes!
Das gilt für alle Sprünge, die nach unten gehen, sei es auf ebener Erde, auf abschüssigem Boden oder ins Wasser. Tiefsprünge auf ebener Erde sind wegen des starken Durchbiegens der Vordergelenke für das Pferd besonders strapaziös, und die Sehnen werden enorm beansprucht. Das Landen auf geneigtem Hang ist dagegen bedeutend harmloser, weil der dynamische Ablauf der Bewegung nicht gestoppt wird, sondern weiterfließen kann!
Eine weitere anatomische Struktur des Pferdekörpers ist für den Springreiter interessant. Das Pferd hat kein Schlüsselbein, ebenso wie andere Vierbeiner, z. B. Rehe, Hirsche, Gnus, Gazellen, Hunde oder Katzen, die auch keins haben, weil sie sonst gar nicht unbeschadet springen könnten, ohne möglicherweise das Schlüsselbein zu brechen. Die Schlüsselbeine (der Mensch, alle Primaten und Vögel haben sie), die sich vom Schulterblatt zum Brustbein erstrekken, fehlen also. Das bedeutet, daß der Thorax (Brustkorb) in einer sehnig-muskulösen Aufhänge-Vorrichtung hängt. Dort also wird die Last beim Landen nach einem Sprung vorwiegend abgefedert. Die Biegsamkeit in den Fesselgelenken – die trotzdem noch enorm beansprucht wird – könnte damit gar nicht fertig werden.

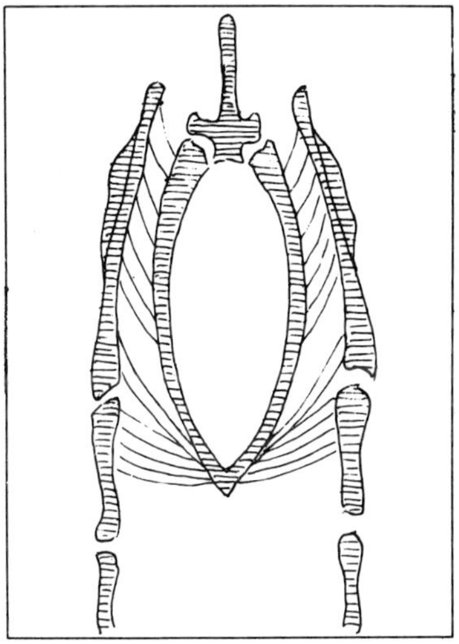

Pferde besitzen kein Schlüsselbein; der Brustkorb ist in einer sehnig-muskulösen Aufhängevorrichtung befestigt. Die Beugsamkeit des Fesselgelenks allein könnte die enorme Beanspruchung beim Landen nach dem Sprung gar nicht abfangen.

Wenn du alles gut im Kopf hast, brauchst du nur noch dabei diese klare Vorstellung walten zu lassen, um keine besonderen Schwierigkeiten mehr zu haben. Rede dabei mit deinem Pferd! Es ist ein hochbegabtes Lebewesen, weitaus begabter in praktischen Dingen als die meisten Reiter, die glauben, ihrem Pferd jede Phase des Bewegungsablaufs „beibringen" zu müssen. Das lernt es am besten selbst aus der jeweiligen Situation; verlaß dich darauf und behalte die Nerven! Ein „dressiertes" Springpferd wartet auf alles, was du ihm „befiehlst", und wird immer unselbständiger, in einer Querfeldeinstrecke nicht zu gebrauchen.
Diese Wiederholungen sind absichtlich, weil sie dir den Weg klar zeigen sollen! Der Weg

Gut

Gut

Schlecht

Schlecht

)rei-Phasen-Folge bei einem Sprung bergab: gut
ınd schlecht

Gut

Schlecht

für diese schwierigen Springanforderungen ist von dir gut vorgeplant durch die einfachen Lektionen der Grundschule. Du erkennst nun immer deutlicher das System „Chiron", das sich aus tierpsychologischen Erkenntnissen heraus entfaltet, zu einem gesunden Nervensystem und daraus folgend zu rein körperlichen Leistungen entwickelt! Spielend, von selbst, wenn du es richtig machst und die angeborenen Fähigkeiten deines Pferdes nicht durch ungeduldige Hektik blockierst.

Wenn es nicht recht klappt:

Elementare Fehler in deiner Sitzposition kommen auf, wenn du dich dabei hintenüber legst. Es ist eine Marotte, die immer wieder „hochgepäppelt" wird durch das „Vorbild" einiger Spitzenreiter. Durchdenke die Fotos und Skizzen dazu!

Teil II

Erweiterung der Schulung für den Leistungssport

Die nun beschriebenen praktischen Erörterungen entwickeln sich aus nachfolgender genetischer Erkenntnis zu den zweckentsprechenden Maßnahmen:
Du darfst nicht vergessen, daß das Großhirn des Homo sapiens immer noch aus dem archetypischen, rhynischen (limbischen) System der Amphibien Informationen erhält. Das kann beim Einsatz der Vernunft des Homo sapiens verheerende Folgen haben, weil es oft vernünftige Folgerungen blockiert. Selbst hochbegabte Wissenschaftler bleiben in dieser Falle oft hängen, ohne es zu merken. So wird das Unheil immer größer, weil an der kosmischen Urkraft des Lebens vorbeigerechnet und vorbeigemessen wird.

1. Grundüberlegungen für das Reiten einer Q-Strecke* in einer Military

1. Dein Pferd sollte natürlich nicht eher dazu gemeldet werden, bevor es reif dazu ist! Bevor es nicht eine A-Strecke mit Kraftreserven durchsteht, so daß es dir auf seine Weise sagt: „Na – und was nun? Wo geht's weiter?", sollte es nicht in eine L-Strecke geschickt werden.

2. Überlege dir, daß du in einer Q-Strecke, die ohne Zeitfehlerpunkte in einer Gesamtzeit von 570 m/min erledigt sein muß, auf schwierigen Strecken oft bis auf 250 m/min verlangsamen mußt, denn schwierige Stellen kosten dich Zeit. Diese muß auf leichten Strecken gutgemacht werden, indem man bis zu 700 m/min zulegt – aus einem geschulten Gefühl für Rhythmus kein Problem.

3. Verliert dein Pferd unterwegs offensichtlich an „Elan", mußt du bewußt auf das Einhalten der Zeit verzichten, sonst bist du ein Tierschinder, der nicht in den Sattel eines Querfeldeinpferdes gehört. Ganz abgesehen davon, daß du selbst nahe an einem Unfall vorbeireitest! Eine Military wird mit dem Kopf gewonnen und nicht mit krankhaftem Ehrgeiz. Zeigt dir dein Pferd, daß es am Ende seiner Kraft ist und öfters „rumpelt", gib auf. Reite nicht weiter, um deinem Pferd keine bösen Prägungen zu verpassen, die seine Zukunft in Frage stellen!

4. Reite stets mit Halsriemen oder gutem Martingal.

5. Reitest du mit deinem inzwischen gut konditionierten Pferd eine große Military mit der Rennbahnprüfung, so reite auf der Rennbahnstrecke kein Rennen, sondern schule dich im Gefühl, was ein 700 m/min-Tempo bedeutet, und lege nicht weiter zu! Du brauchst die Kraft in der Q-Strecke!

---

* Q-Strecke nennt man die Querfeldeinstrecke über eine bestimmte Distanz mit einer bestimmten Anzahl von Hindernissen, die in 570 m/min überwunden werden muß. Sie wird am zweiten Tag einer Großen Vielseitigkeitsprüfung (Military) geritten.

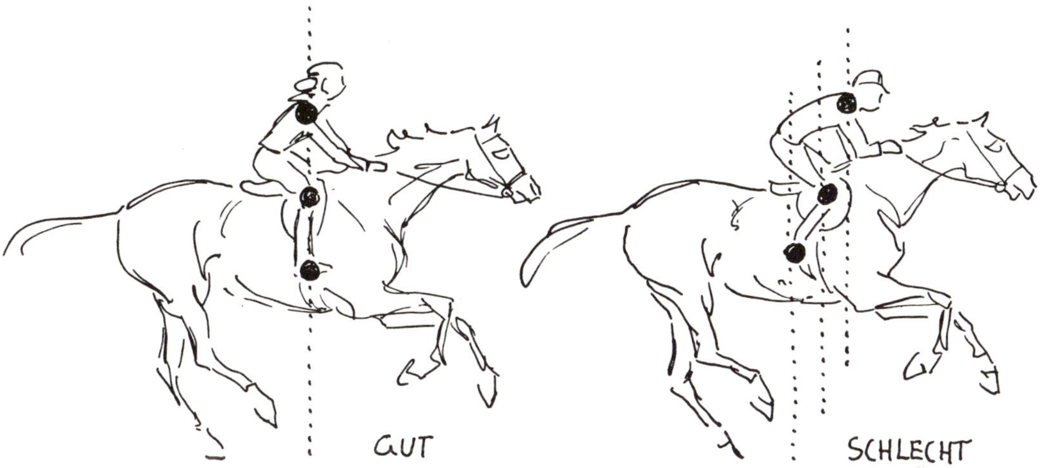

Halte in der Q-Strecke wie auf der Rennbahn dein Pferd immer gut im Gleichgewicht.

In voller Harmonie unterwegs – Jürgen Webers auf dem 10jährigen Angloaraber „Rodolfo“ (Schenefeld 1987)

2. Reitgerte, Peitsche, Sporen, Stimme, akustische und sonstige Hilfen

Reitgerte oder Peitsche kannst du ebenso zur nutzbringenden wie zur zerstörenden Anwendung bringen. Denk nach: Dem Pferd ist der Begriff „Peitsche“ völlig unbekannt. Wenn es in seiner Herde lebt, wird es von seinen „vorgesetzten“ Pferdelehrern zurechtgewiesen mit Schlägen der Hufe oder des Kopfes. Einen Puff mit der Faust oder dem Bein des Reiters kann es verstehen; das ist eine arteigene Zurechtweisung. Wenn du also eine Gerte oder Peitsche benützt, um sinnvoll mit deinem Pferd zu arbeiten, mußt du ihm „erklären“, was das bedeutet.

Wie machst du das folgerichtig? Zunächst machst du dein Pferd „peitschenfromm“, damit es nicht etwa Angst davor bekommt. Mit der Gerte streichelst du es überall mit freundlichen Worten ab (Lob). Wenn es ohne Scheu erlaubt, daß die Peitsche nah am Kopf vorbeigeführt und später sogar mit pfeifendem Geräusch vorbeigeschlagen werden kann, dann ist das Pferd peitschenfromm.

Wenn du im effektiven leichten Sitz mit deinem Pferd auf dem Viereck, im Gelände oder über Hindernisse arbeitest, nimmst du eine Reitgerte, die nicht über 0,80 m lang ist. Eine längere Gerte gerät oft aus deiner Kontrolle und schwappt an das Pferd heran, ohne daß du es willst! Du wirst in der Arbeit sehr oft die Gerte von der einen Hand zur anderen wechseln müssen, daher sollte sie keine Handschlaufe haben. (Das Pferd muß bei Gertenwechsel absolut peitschenfromm sein, sonst gibt es schnell Ärger.) Weiterhin sollte die Gerte am Ende eine Lederklappe haben, die bei aufforderndem Gebrauch eine wertvolle akustische Hilfe gibt.

Arbeitest du auf dem Viereck, ohne zu springen, lediglich um die Rittigkeit deines Pferdes zu fördern, oder am Boden an der Hand, ist natürlich eine längere Gerte von großem Nutzen. Aber auch nur dann, wenn das Pferd vor der Peitsche keine Angst hat und diese nur als Aufforderung zum fleißigen Arbeiten erkennt. Für jede Arbeit mit der Peitsche gilt die These: Die *strafende* Peitsche wird nur angewendet, um dem Pferd etwas *abzugewöhnen.*

Dann aber muß die Strafe deutlich und unmißverständlich erteilt werden. **Nicht prügeln!** Ein energischer, kräftiger Schlag reicht völlig aus. Das Pferd wird zutiefst erschüttert sein und glauben, seine Welt geht unter! Zum Beispiel: Wenn ein Pferd sich das Steigen angewöhnt hat, so daß die Gefahr des Hintenüberkippens besteht, nur um den Reiter loszuwerden, oder wenn es nach Menschen und anderen Pferden gezielt schlägt. Das sind lebensgefährliche Situationen, die ihm *abgewöhnt* werden müssen. Es lernt also, etwas nicht mehr zu tun. Ein Pferd zu strafen angesichts eines Hindernisses würde ihm nur das Springen abgewöhnen. Du würdest nur den Widerwillen gegen jede Springerei hineinprügeln, und so etwas kann man nur als maßlose Dummheit bezeichnen.

Mit Gerte, Peitsche, Longierpeitsche hast du also Instrumente in der Hand, mit denen du bei richtigem Einsatz sehr viel erreichen kannst.

Das gedankenlose Gerede um ein **Martingal** – (Pferdeschinder und nur zum „Runterreiten“ des Pferdekopfes für schlechte Reiter geeignet) – habe ich oft und eingehend in meinen Schriften behandelt.

Ein Martingal ist eine wirkliche Hilfe für Reiter und Pferd und keineswegs ein Marterinstrument, wie so viele Autoren glauben, die wahrscheinlich gar keine Vorstellung davon haben, was die Grundidee des Martingals ist.

Empfehlenswerte Maße und Muster: Siehe Zeichnungen. Das Feststehen der Gabel ist das Wesentliche, um dem Pferd in der Führung die notwendige Freiheit zu lassen.

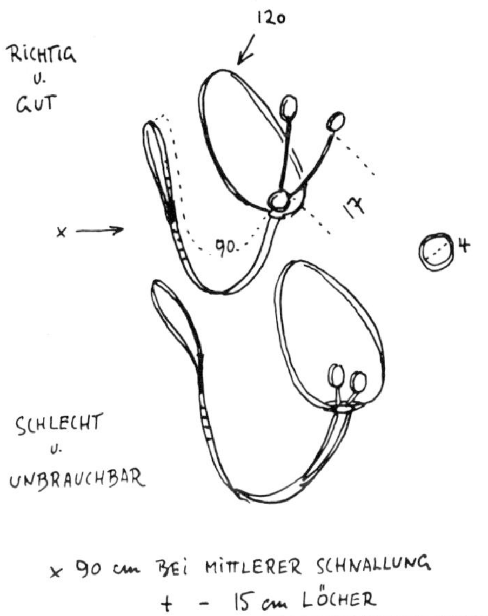

Betrachten wir die Sache nun einmal genau. Im Gelände querfeldein oder auf einem Springparcours kommt es durch schlechten Boden oder in der Hitze des Gefechts immer einmal vor, daß ein Pferd etwa durch Ausrutschen das Gleichgewicht verliert. Was tut es da? Es legt Hals und Kopf als Balancierstange nach oben aus und beschleunigt sein Tempo, um das Gleichgewicht wiederzufinden. In diesem Augenblick aber wird der Angriffswinkel der Zügel so schlecht, daß jede Zügeleinwirkung nur noch in Richtung Maulspalte/Backenzähne einwirkt. Wenn aber eine Zügelhilfe nicht mehr in Richtung Unterkiefer/Zunge wirksam ist, hat sie keinen Erfolg mehr.

In diesem entscheidenden Moment bringt die Martingalgabel mit den Ringen den Angriffswinkel auf Unterkiefer/Zunge. Das Martingal muß natürlich richtig angefertigt sein. Die Gabel muß sich bei Wendungen öffnen, und die Ringaufhalter dürfen keine „Schieber" sein, sondern müssen die Ringe bis ganz vorn laufen lassen. Es gibt fast nur falsch konstruierte Martingals, weil alle „Richtlinien" den Sinn nicht erkannt haben und indolent der Ansicht sind, man könne damit dem Pferd „den Kopf runter reiten" (was man damit gar nicht kann). Ich habe in meinen diversen Büchern oft darüber geschrieben, wie wertvoll ein gut gefertigtes

Gut: Pferd „zwischen den Beinen" des Reiters, Gebiß wirkt auf Unterkiefer und Zunge. Schlecht: Reiter drückt dem Pferd den Rücken weg, Gebiß wirkt auf Maulspalte und Backenzähne.

Martingal ist und daß es ein Pferdeschoner ist – Ruf in der Wüste!

Akustische Hilfen sind außerordentlich wertvoll. Pferde haben ein exquisites Gehör; du brauchst also nicht zu brüllen. Gewöhne dir an, mit deinem Pferd wie mit einem Hund zu sprechen. Es kommt nur auf den Tonfall an: beruhigend, auffordernd, anfeuernd, lobend, ärgerlich.

Borsarelli, ein erfolgreicher Spitzenreiter der italienischen Equipe vor dem Krieg, gab während des Parcours pfeifende Laute von sich, die seine Wunderstute Crispa sehr gut unterscheiden konnte. Ich nütze beispielsweise gern als Lehrer vom Boden aus mit einem Tamburin den indifferenten Klang des Trommelschlags aus, um Pferd und Reiter in den gewünschten (individuellen) Rhythmus zu bringen. Der Moment des Absprungs wird dann mit einem sehr kräftigen Schlag kenntlich gemacht. Damit lernen die Pferde leichter zu taxieren. Sie strengen sich an und ziehen die Beine energischer nach. In der Grundschule kann man damit überraschend schnelle Erfolge erzielen. Erforderlich sind allerdings ein sicheres Auge und ein tadelloses Gefühl für Rhythmus und Absprung. Verfügt man darüber nicht, sollte man es lieber lassen. Welche akustische Hilfe du auch anwendest, du solltest dir Gedanken darüber machen, da du mit psychischen, nervlichen und körperlichen Komponenten arbeitest.

Pferde lernen unglaublich schnell, wenn man ihnen den richtigen Weg zeigt; sie können es nur nicht sofort in die Praxis umsetzen, weil die Muskulatur weit mehr Zeit zum Wachstum braucht als der Verstand.

3. Hilfen für erhöhte Leistungen im Parcours und im Gelände auf einer Military-Q-Strecke

Wenn es in einer Leistungsprüfung über erhöhte oder „saftige“ Hindernisse geht, wirst du dein Pferd nicht mehr ohne zusätzliche Hilfengebung erfolgreich reiten können. Du wirst klugerweise nicht etwa im Tempo „aufdrehen“, um Zeit zu gewinnen, und damit Gefahr laufen, Fehler zu machen, sondern wirst Zeit einsparen durch erstklassiges Reiten bei den Wendungen. Bei einer erlaubten Zeit, die du einhalten mußt, um kei-

Den Blick voraus auf das nächste Hindernis, Reiter und Pferd voll bei der Sache (Marion Winkler/ Garban)

ne Zeitfehlerpunkte zu bekommen, sind zehn Meter rund eineinhalb Sekunden wert. Die kassierst du durch geschicktes Einsparen von Boden. Dazu wirst du das Tempo, je nach Wendung, abstoppen müssen. Nach der gelungenen Wendung läßt du dein Pferd wieder in seinem ureigenen zügigen Rhythmus gehen.

Am Start reitest du eine Galoppvolte, besser noch – falls möglich – einen Zirkel, und gehst schon im zügigen Rhythmus durch die Lichtschranke. Dann reitest du bodensparend deinen Parcours und kannst *nach* dem letzten Sprung in einem eleganten Fullspeed die Ziellinie passieren. *Elegant* habe ich gesagt, denn es sieht abstoßend aus, wenn du mit fliegenden Armen und pumpendem Hinterteil ein Finish reitest. Auch daran kann man erkennen, wie gut du und dein Pferd geschult sind.

Wenn es nun geschafft ist, dreh noch einen Galoppzirkel zum Auslaufen und geh über zum Trab, zum Schritt und verlasse grundsätzlich die Arena im Schritt mit hingegebenem Zügel. Nur Spring-Rüpel sausen in gestrecktem Galopp durch den Ausgang.

Reite deinen Parcours aufmerksam und wachsam mit dem Blick voraus und schau bei der Landung nach dem neuen Sprung. Streng konzentriert reitest du die letzten Meter vor dem kommenden Sprung. Du reitest nämlich dort in den „Bannkreis“ ein, von dem wir gleich sprechen werden. Daß du nach dem Ausreiten sofort dein Pferd lobst und absitzt, erachte ich als selbstverständlich, auch wenn dein Pferd Fehler gemacht hat. Es hat ja nicht gepatzt, um dich zu ärgern. Vermeide eindeutig, anschließend auf dem Abreiteplatz aus Wut über den Patzer dein Pferd zu riegeln oder gar zu verprügeln, wie es immer wieder beobachtet werden kann. Vor dem Springen auf dem Abreiteplatz ein Pferd vorsätzlich durch aktive Einwirkung in einen Oxer zu setzen, damit es sich so recht weh tut und im Parcours dann um so vorsichtiger springt, ist so ungefähr das Dümmste und Brutalste, was man manchmal miterleben kann.

Auf dem Abreiteplatz wird nur sehr wenig gesprungen, nur um festzustellen, ob dein Pferd voll da ist. Spring auch dort niemals höher, als im Parcours verlangt wird, lieber niedriger. Was dein Pferd jetzt noch nicht kann, lernt es kurz vor dem Start auch nicht mehr.

4. Der Bannkreis

Das ist ein Ausdruck, den ich meinen Schülern zur Beachtung beim Reiten über Hindernisse mitgebe. Der „Bannkreis“ liegt etwa sieben bis acht Meter vor dem Hindernis und hat nichts mit den Markierungen zu tun, die vor oder nach einem Hindernis in einer Q-Strecke die Zone abstecken, in der Verweigerungen, Ausbrechen und Stürze als Fehler bewertet werden.
Wenn dein Pferd seinen Galoppsprung in diesen Bannkreis hineinsetzt, brauchst du nur zügig in diesem Tempo weiterzureiten (es paßt!). Wenn dein Pferd heftig geworden ist, kannst du nur *vor* dem Bannkreis das Tempo noch drosseln. Bist du im Bannkreis, gibt es nur noch ein energisches Vorwärtsreiten! Versuchst du im Bannkreis durch bremsende Hilfe noch etwas zu ändern, bleibt dir das Pferd stehen, duckt sich ab oder kollidiert mit dem Hindernis. Kommst du also mit dem Regulieren des Tempos vor dieser Distanz nicht zurecht, mußt du es gehen lassen, manchmal sogar noch zulegen und deinem Pferd völlige Hals- und Kopffreiheit geben, damit es sich selber helfen kann. Dazu hast du ja dein Pferd in der Grundschule vorbereitet und es gelehrt, selbständig zu arbeiten mit dem Vertrauen, dabei nicht von dir gestört zu werden.

Alle Bewegungsabläufe sind eng mit psychischen und nervlichen Belastungen verbunden, und gut geschulte Reflexbahnen können eine bedrohliche Situation meistern.

Erinnere dich an das, was wir in der Grundschule besprochen haben. In-and-Outs, Doppel und mehrfache Kombinationen mit 4 m, 7,50 m und 10,50 m Abstand sind das Vortrefflichste, womit du dein Pferd belehrt hast, wie es *selbständig* damit fertig wird – wenn du die Nerven behältst, nicht aktiv einzugreifen. Ich habe in meinen Lehrgängen und bei Hunderten von Schülern bei der Springschulung natürlich auch Stürze zu verzeichnen, die ebensowenig vermeidbar sind wie in anderen Sportarten auch (siehe Alpine Abfahrten im Skilauf), aber ich habe keinen einzigen Fall erlebt, bei dem ein Reiter vom Platz getragen werden mußte. Das war nicht meine „Zauberei“, sondern die Folge eines gesunden Ausbildungssystems.

5. Military-Prüfungen

Der 2. Tag und die Q-Strecke

Wenn du Lust, Begabung, Zeit und Geld (und natürlich ein dazu begabtes Pferd) hast, um Vielseitigkeit oder Military zu reiten (die Kleine oder die Große, wobei die Große immer eine Rennbahnstrecke von 2400 m in Groß L, von 3000 m in Groß M und 3600 m in Groß S hat, mit 6 bis 8 Rennbahnhindernissen, bzw. 8 bis 10 Sprüngen in M und S, die in L im 640 m/min-Tempo und in M und S im 690 m/min-Tempo geschafft werden müssen), erfordert das schon eine sehr gute Kondition von euch beiden, um so mehr, als die Rennbahnstrekke von zwei Wegestrecken eingerahmt ist, die im 240 m/min-Tempo zu erledigen sind. Das ist an sich keine große Leistung, aber in Verbindung mit der Rennstrecke und der dann folgenden Q-Strecke (die das Beste fordert, was du und dein Pferd leisten können!) eine Aufgabe, die nur mit viel Kopf, nicht aber mit Draufgängertum zu meistern ist. „Kopflose" Vielseitigkeits- oder Military-Reiterei ist das Verantwortungsloseste, was im Pferde-Leistungssport zu finden ist.

Vielseitigkeit ist die königliche Leistungsprüfung, die von dem Motto beherrscht werden muß „Noblesse oblige!"

Wenn du deinem Pferd eine gute, gesunde Grundschule gegeben hast, die mit den körperlichen, psychischen und nervlichen Fak-

Chiron-geschulte Pferde brauchen nicht mit „Kraft" gesteuert zu werden, wie hier die 11jährige Judith Sommer auf ihrem „Navigator" beweist (Vielseitigkeitsprüfung Kl. L, Leonberg 1994).

Erst 16 Jahre alt ist Franziska Menschel, hier mit ihrer selbst ausgebildeten bildschönen Shagya-Araberstute Kamana.

toren sinnvoll aufgebaut hat, bist du schon um 50% besser als diejenigen, die davon nichts wissen. Um nun in diesem Sport der „Buschreiter" trotz der starken Anforderungen gesund und erfolgreich zu sein, sind einige Denkaufgaben zu lösen:
Wenn du am ersten Tag bei der Dressurprüfung unter den ersten fünf bis sieben Reitern liegst, hast du erfolgreich genug abgeschnitten, um frohen Mutes in den zweiten Tag zu gehen. Das wird dir leicht gelingen, wenn du die Grundschule als Polster hast. Hast du aber Pech gehabt und in der Dressurprüfung schlecht abgeschnitten, mußt du deine Taktik gut planen. Es nützt dir nichts, in der Q-Strecke besonders schnell zu sein; die Gefahr eines Mißgeschicks ist zu groß! Selbst Zeitfehler können dir bei sonstiger Fehlerfreiheit noch eine Plazierung bringen. Viele Dressur-Sieger sind schon in der Q-Strecke ausgeschieden, es ist für dich also noch längst nicht alles verloren. – Wie fühlt sich dein Pferd nach den Wegestrecken und der Rennbahn? War es nicht mehr frisch und munter, geh die Q-Strecke sehr wachsam an, reite nur auf fehlerfrei zu Übungszwecken weiter (um dein Pferd für die Zukunft zu testen) und gib auf, wenn dein Pferd mehrmals „rumpelt" oder gar einmal stürzt. In einem solchen Fall wäre ein Weiterreiten eindeutige Tierschinderei und obendrein Dummheit.

Eine Q-Strecke reitet man erfolgreich nur mit „Köpfchen".

Wenn du klug bist, gehst du die Strecke mehrmals (!) gewissenhaft ab und merkst dir gute und mißliebige Absprung- und Landestellen, bis du dir den ganzen Weg mit geschlossenen Augen klar vorstellen kannst: Was, wann, wie, wo?
Du kennst den Weg – dein Pferd kennt ihn nicht! Es muß also auf deine Anweisungen reagieren, wo es zügig durchgaloppieren und abspringen kann und wo es sein Tempo

mäßigen muß, um im entscheidenden Moment die eigentliche Aufgabe selbständig zu lösen, wie es das in der Spring-Grundschule gelernt hat, im vollen Vertrauen darauf, daß du es dabei begleitest, ohne es zu stören, ihm in den Rücken zu fallen oder es im Maul zu reißen.

Nun gehen wir einmal gemeinsam einige Ausschnitte der Q-Strecke ab. Grundüberlegung: Du mußt, wenn du Zeitfehler vermeiden willst, ein Gesamttempo von 570 m/min einhalten. Das ist hart, denn das schnellste Parcourstempo auf dem Platz liegt bei 400 m/min. Im Gelände verlierst du aber bei Bergauf- und Bergab-Strecken, bei Terrassen, beim Klettern und Cat-jumping an Zeit. Das bedeutet, daß du auf harmlosem Geradeausgelände bis zu 700 m/min aufdrehen mußt, um das wieder wettzumachen.

Selbst bei klobigen Sprüngen brauchst du keine Bedenken zu haben, weil dein Pferd von Anbeginn der Spring-Grundschule über feste Sachen (Staccionate) gelernt hat, vorsichtig zu sein. Leicht fallendes „Stangelwerk“ in flachen Auflagen kennt es nicht. Das ist ein Riesenvorteil in der psychologischen Schulung! Reite „Strich“ im flotten Tempo, und alles ist gut.

Nun kommt am Ende einer längeren, harmlosen Strecke ein Steilabstieg, den du zwar vom Abgehen der Strecke kennst, dein Pferd aber nicht. – Du kürzt dein Tempo von etwa 650 m/min auf 350 m/min, gehst zum Trab über, reitest dein Pferd kerzengerade im Schritt so in den Steilabstieg hinein, daß die Hinterbeine den Vorderbeinen in der Spur folgen, und läßt es hinunterrutschen. Du hast dabei die Position des effektiven leichten Sitzes und legst dich nicht mit vorgestreckten Beinen hintenüber! Das ist eine „Masche“, die gegenwärtig mal wieder modern ist, obgleich Caprilli dies mit seinen Reitern seit 1906 (als er bemerkte, daß diese Manier sehr unpraktisch ist) nicht mehr tat (siehe auch Seite 128). Wie das Foto oben zeigt, ritten diese Meister schwierigster Geländereiterei auch den 10 m tiefen Steilabstieg in Tor di Quinto in der effektiven Leichten-Sitz-Position.

Der berühmte Steilhang in Tor di Quinto. Die höchste Schwierigkeitsstufe, die Caprilli-Rutsche (*scivalone*), führte über einen fast senkrechten Einstieg 10 m tief hinunter. Durch den Vorwärtssitz saßen die Reiter jederzeit sicher im Sattel, ob die Pferde den Abhang auf der Hinterhand hinunterrutschten oder sich zum frühen Wegspringen entschlossen.

Wenn du nach hintenüber liegst, siehst du zwar den Horizont, aber nicht das Ende der Rutschpartie; die Zügel müssen dabei länger werden, und du hast dein Pferd nicht mehr zwischen den Beinen. Folgt kurz nach Ende des Steilhanges gar ein Hindernis, mußt du dich blitzschnell nach vorn werfen (gerätst hinter die Bewegung), die langen Zügel aufspulen und dein Pferd neu zwischen die Beine kriegen, um mehr oder weniger befriedigend über den Sprung zu kommen. Das ist Akrobatentanz, Belästigung oder grobe Behinderung deines Pferdes!

Nirgends tritt die Beherrschung des Fundaments so stark in den Vordergrund wie bei Gelände-Tiefsprüngen. Aus diesem Fundament heraus bist du immer „da“, mag kommen, was will. Darum steht in der Grund-

So sieht ein korrekter Einstieg in einen Hang aus (Wibke Möndel/Donner).

schule für Reiter und Pferd im Vordergrund: Fundament und Rhythmus! Wenn man den effektiven leichten Sitz aus dem Dressursitz entwickeln will, kommt es immer zu den konvulsivischen Zuckungen des Oberkörpers und der Arme und Hände! So geht das nicht. Deine Beine bilden also beim Einstieg das Fundament für dich und geben deinem Pferd die Sicherheit des „Zwischen-deinen-Beinen-Seins". Bei tiefer Schulter kannst du deine Hände am Pferdehals stehen lassen und es gewissermaßen hinunterdrücken, was es sehr schnell versteht. Du hast also alle Trümpfe in der Hand und in deiner Position. Als ich einmal schüchtern fragte, warum man das heute so oft nicht täte, bekam ich die tiefsinnige Antwort: „...die Zeiten ändern sich eben...". Diese Begründung fand ich so überzeugend, daß ich meine Hoffnungslosigkeit drei Tage lang pflegen mußte!

Hänge und kurze Steilstufen bergauf reitest du natürlich mit extrem tiefer Schulter,

Der „Liegesitz" bei Tiefsprüngen ist eine grobe Behinderung des Pferdes.

greifst in den Halsriemen, um deinem Pferd jede mögliche Freiheit in Hals- und Kopfhaltung zu geben, oder faßt es sogar unter den Hals. Deine Beine müssen gut im Fundament bleiben, wozu du den Fuß fest im Bü-

Und so geht es weiter: Steiler Abstieg zum kleinen Sprung auf der Schrägen, danach unmittelbar folgend ein zweiter Sprung (Oliver Schmidt-Nechl/Sandrine).

gel nach vorn drücken mußt, mit deiner Hüfte weit hinten im Sattel!
Wenn dir da die Beine (ohne Fundament) nach hinten-oben wegrutschen, bekommst du Übergewicht nach vorn und bist nicht mehr „beim Pferd", wenn du oben bist, wenn oben ein Sprung steht oder wenn es wieder bergab geht. Ohne gut geschultes Fundament geht das nicht. Bei Terrassen bergauf und bergab wird dir deine Elastizität sehr zustatten kommen. Die Abbildungen haben dir das erklärt. Mit Wasser hast du keine Schwierigkeiten, wenn du in der Spring-Grundschule mit deinem Pferd gut gearbeitet hast. Ins Wasser hineinspringen, gleichgültig, ob von einem Plateau oder über ein Hindernis, ist eine harmlose Angelegenheit, wenn dein Pferd mit Wasser vertraut gemacht worden ist, es kann aber zum Vollbad gereichen, wenn du dein Pferd ins Wasser hineinfeuern mußt. Wasser bremst, also wirst du nicht in vollem Tempo hineinzischen. Du gehst also im verkürzten Tempo hinein, und wenn es über eine höhere Stufe ins Wasser geht oder von einem Steilhang aus, wirst du das „Cat-jumping" anwenden.
Deine Position dafür ist wieder der effektive

So reitest du steil bergauf: Schultern tief, Hüfte weit hinten im Sattel, die Füße im Bügel fest nach vorn drücken und dem Pferd jede mögliche Halsfreiheit geben, indem du in den Halsriemen greifst oder das Pferd sogar um den Hals faßt.

A

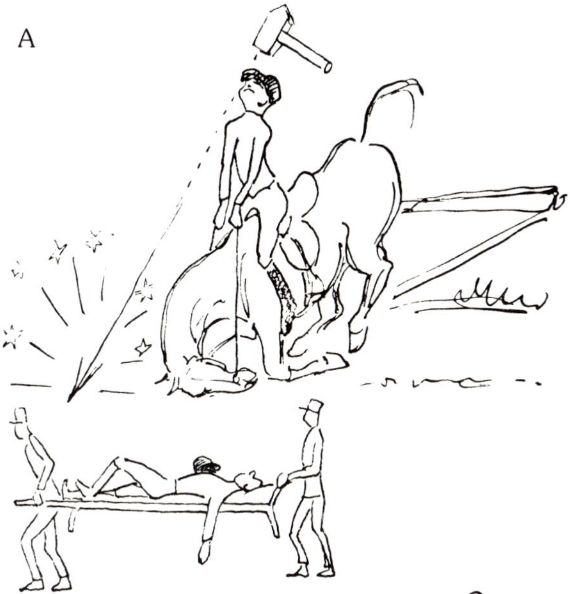

B

Bei einem Sturz des Pferdes ist das Verletzungsrisiko des Reiters ungleich größer, wenn er sich bei der Landung hintenüber legt (A), als wenn er sich vom Pferd wegrollen kann (B).

leichte Sitz mit nach vorn getretenen Füßen im vollen Bügelgriff. Deine Hände packen den Pferdehals dort, wo er aus der Widerristgegend herauskommt, und drücken das Pferd hinunter. Deine Schulter ist so tief, wie es die Situation erfordert, und deine Hüften sind weit hinten am Sattel. Deine Beine haben dann etwa die „Aintree-Haltung", wie man sie bei den Reitern der Liverpooler Steeplechase sieht, nur daß du dich *nicht* mit dem Oberkörper hintenüber legst. Das wäre aus vielen Gründen schlecht, obwohl man es oft sieht. Überdenken wir dazu jetzt die Bewegungsabläufe: Man wird dir erzählen, daß die Position, in der du reitest, ungeheuerlich die armen Vorderbeine des Pferdes strapaziert und dagegen die Hintenüber-Sitz-Haltung für dich selbst eine größere Sicherheit darstellt. Ein Slogan dazu lautet „Safety first". Das macht nun Eindruck, und du bist nah daran, es zu glauben.

Wenn du aber analytisch denkst, kommst du zu folgendem Schluß: Alles, was hier geschieht, ist lebendige Dynamik und keinesfalls Statik. Die Bewegung rollt von der Treibkraft der Hinterhand über den Rücken zur Vorhand ab (Erkenntnis der Speichenwirkung). Sitzt du nach hintenüber, kannst du die Speichenwirkung nicht begleiten, stoppst sie sogar für Sekundenbruchteile und rammst die Vorderbeine gewissermaßen in den Boden! *Das* schadet den Vorderbeinen. Das Zurücklegen des Reitergewichtes kommt nur im Stehen, also statisch, zur Wirkung, niemals aber im Bewegungsablauf, denn dort treten dynamische Gesetze in Erscheinung! Was die „Safety-first-Position" betrifft, so haben die Vertreter dieser Hintenüber-Liege-Position recht, wenn sie den wirklichen (wirkungsvollen) leichten Sitz nicht erlernt haben. Erlernen sie ihn aber, wird sofort der „Aha-Effekt" kommen: Die persönliche Sicherheit ist nämlich dann dreifach gestiegen. Logisch: Während des gesamten Bewegungsablaufes hast du dein Pferd zwischen den Beinen (Fundament), deine Schultern der Situation entsprechend tief, deine Hände am Hals mit Zügelkontakt und deine Hüften zur Erhaltung des Schwerpunkt-Dreiecks Bügeltritt/Schulter/Hüfte unentwegt und einsatzbereit zur Verfügung.

Sprünge bergab, folgend ein Graben und dann sofort bergauf:
Das sind häufig vorkommende Sprünge in einer Q-Strecke. Hier wirst du die offensichtlichen Nachteile der „Hintenüber-Liege-Position" am deutlichsten zu spüren bekommen, denn du wirst dabei zu einem lebendigen Paket, das herumgebeutelt wird!

Tiefsprünge:
Geht es nach einem Tiefsprung von einem Plateau auf ebene Erde, so ist es für die Pferdebeine sehr unangenehm, weil die Beugesehne, die über das Fesselgelenk läuft, einer enormen Dehnung ausgesetzt ist. Diese „Zerreißprobe" würdest du mit dem Hintenübersitzen gewaltig verstärken und wie eine Ramme anwenden, während du in guter Position schon in der Bewegung der Speichenwirkung bist.

Geht es nach einem Tiefsprung auf abschüssige Erde, so ist das bei weitem harmloser, weil die Durchbiegung im Fesselgelenk geringer ist. Was dich selbst betrifft, hast du wieder große Vorteile, wenn du nicht nach hintenüber sitzt, da du dich schon in der Dynamik der abrollenden Bewegung (Speichenwirkung) befindest, die Hände führend am Pferdehals hast und für alles noch Kommende bereits (positionsmäßig) gewappnet bist. Du siehst: Immer wieder ist es ein gut geschultes Fundament, womit du das „Gleichgewichts-Dreieck" Bügeltritt/Schultern/Hüften voll zur Verfügung hast.
Das heißt im Klartext: Generelle Schonung deines Pferdes und gesteigerte Sicherheit für dich selbst, – also das wahrhaftige „Safety first"!

Klettern bergab
(auch Steilhänge) haben wir schon besprochen. Caprilli fand die Lösung des Problems

Ausgezeichneter Einstieg über eine Steilstufe bergab (Reken)

Ein gut geschultes Pferd geht im Parcours ebenso vertrauensvoll und gelassen wie im Gelände (Jürgen Webers/Ultimo).

im Jahr 1906 und führte sie obligatorisch ein. Warum man heute wieder verstaubte Ansichten aus der Vor-Caprilli-Zeit pflegt, ist unklar.

Der 3. Tag und das Parcours-Springen

Es soll eine Bestätigung sein, daß das Pferd noch in Kondition ist, einen L-Parcours auf dem Platz zu leisten. Hier sind die Hindernisse nicht fest wie in der Q-Strecke, sondern abwerfbar. Du mußt also darauf achten, daß dein Pferd vorsichtig springt, um keine Fehler einzuheimsen. Das wird für dich besonders wichtig, wenn du Minuspunkte aus der Dressur gutzumachen hast. Dein Pferd soll voll da sein, deshalb spring nicht zur Selbstberuhigung unnötig viele Hindernisse auf dem Abreiteplatz. Bring es frisch und munter in diese letzte Runde!

Ich habe das Wesentlichste über Vielseitigkeitsprüfungen oder Militarys nun zusammengefaßt, falls du an dieser Krönung des Leistungssports interessiert sein solltest. Über Einzelheiten der Anforderungen gibt die LPO (Leistungsprüfungsordnung) Auskunft.

6. Ringreiten

Aus dem Programm der Freizeitreiter in Reken habe ich vom Gedankengut der Frau Ursula Bruns etwas in mein Programm der Spring-Grundschule aufgenommen, was mir ungeheuer wichtig erscheint. Ich sah dort einige Reiter ihre Pferde ohne Zaumzeug, nur mit einem mit Schaffell umkleideten dicken Draht, reiten. Sie sollten sich von den Händen „freireiten"! Mir war sofort klar, daß die Reiter dabei lernten, aufmerksam aus der Sitzposition einzuwirken. Es ging erstaunlich gut! Für die Springausbildung war mir das von großer Bedeutung. Ich versuchte es also mit einem Holzring, weil er stabiler als der biegsame Draht ist, und fand damit ein hervorragendes Mittel, die Reiter von formenwollenden Händen und die Pferde von behindernder Zügelwirkung zu befreien. So habe ich das Ringreiten ins Programm meiner Spring-Grundschule aufgenommen.

Es muß ein Ring sein, der keinesfalls über 60 cm Durchmesser haben darf. Einen solchen Ring kann man in Sportgeschäften für den Gebrauch bei der Bodengymnastik kaufen. Er wird beim Reiten mit dem Handrükken nach oben gehalten. Am Pferdehals *unten* angelegt, wirkt er indifferent, *in der Mitte* angesetzt, wirkt er tempoverkürzend, und *höher oben* wirkt er Tempo- und Gangart verändernd bis zum Halt. Nach links eingedreht bewirkt er eine Linkswendung und nach rechts eine Rechtswendung. Das entspricht dann der jeweils seitwärts drückenden äußeren Hand! Die bei Zügelführung innere „öffnende Hand" fehlt ganz und muß durch gutes Fundament und Hineinsitzen in die Wendung ersetzt werden. Das schult ungemein.

Begabte, richtig geschulte Pferde und Reiter können tatsächlich nach kurzer Zeit damit einen ganzen Parcours reiten. Alle meine Schüler bestätigten mir, daß das geradezu ein Erlebnis sei, um zur Erkenntnis zu kommen, daß viel zuviel mit Händen und Zügeln herumgezuppelt wird. Selbstverständlich ist es nicht das Ziel, von nun ab Parcours ohne Zügel zu reiten, aber es ist ein großartiger Weg, um zu erkennen, daß man, wenn man es einmal erlernt hat, mit den Zügeln auf einen halben Meter genau auf die Stelle des Hindernisses zureiten kann, wohin man den Absprung geplant hat!

Auf einer Querfeldeinstrecke kann das von entscheidender Bedeutung werden. Du kannst da dein Pferd zwischen deinen Beinen (Fundament!) und den Zügeln auf den Punkt zureiten, der dir beim Abgehen der Strecke hinsichtlich Höhe und Weite sowie Absprung- und Landestelle am günstigsten erscheint. Dein Pferd schwimmt nicht mehr hin oder her, sondern bleibt geradeaus. Mit dem ewigen „Geraderichten" mit dem Zügelsalat, beim dauernden Wechsel deiner Sitzhaltung und vermeintlicher Zügelführung, würdest du immer wieder den Fluß der Bewegungsabläufe stören. Diese Erkenntnis solltest du dir zunutze machen. Mit Übung und Erfahrung verhelfen dir dann die gut geschulten Reflexbahnen zu einem sicheren und flüssigen Stil.

Möglicherweise wird man dir entgegenhalten, daß die erfolgreichen Geländereiter ja auch brav nach den alten Richtlinien reiten. Mag sein, aber immer war das Bessere dem Guten überlegen. Im alpinen Abfahrts-Skilauf läuft man heute ja auch anders als vor 50 Jahren! Dabei handelt es sich im Skilauf einzig und allein um das Können des Läufers, beim Reiten aber um zwei: Um dich und deinen vierbeinigen Partner. Das ist der Grundgedanke des Chiron-Systems.

Reiten mit dem Halsring – ein exzellentes Mittel, die Reiter von formenwollenden Händen und die Pferde von behindernder Zügeleinwirkung zu befreien (Franziska Menschel/Kamana, Reken 1994).

7. Das Bindfaden-Springen

Ein berühmtes Foto: Federico Caprilli springt über einen nahezu unsichtbaren Drahtzaun.

Vor mehr als 50 Jahren sah ich zum ersten Mal ein Originalfoto des italienischen Meisters Federico Caprilli beim Springen eines Drahtzaunes (siehe oben). Das imponierte mir so, daß ich mir sagte: Das probierst du auch. – Um Verletzungen der Pferdebeine auszuschließen, nahm ich keinen Draht, sondern einen Bindfaden. Und siehe da, es ging. Ich folgerte daraus, daß Pferde, wenn sie an der Arbeit interessiert werden, sehr schnell lernen. Wenn auch Pferdeaugen aufgrund ihres Aufbaus anders sind als Menschenaugen, sind sie dennoch sehr wohl in der Lage, einen Bindfaden zu erkennen und zu taxieren. In meinen Lehrgängen springen die Pferde am dritten Tag des Kursus allesamt fröhlich und aufmerksam einen Bindfaden, ohne es je einmal vorher gemacht zu haben!

Ich will dir sagen, warum das geht: Pferde und Reiter sind in den vorausgegangenen Tagen durch die Grundschul-Übungen so angeleitet worden, daß die Pferde an der Arbeit interessiert wurden und die Reiter gelernt haben, nicht zu stören. Das ist eine Vertrauens- und Selbständigkeits-Übung und meilenweit davon entfernt, ein Zirkuskunststück zu sein.

Gehorsam erwächst immer nur aus Vertrauen, und wenn du das erkannt hast, bekommst du den Gehorsam von deinem Pferd geschenkt! Die Nicht-Erkenntnis die-

Wie immer darf das Pferd sich ansehen, welche Aufgabe ihm da gestellt wird.

ses Grundgedankens ist die Kluft zwischen Spring-Dressur und Spring-Schulung. Meine Lehrgänge sind aufgebaut auf Behauptung/Begründung/Beweis und bringen am Ende des Kursus immer den „Aha-Effekt“. In der Praxis sieht das so aus:
An einem Pfosten oder Fang ist in etwa 60 cm Höhe ein Bindfaden angeknüpft. Circa zwei bis drei Meter entfernt stelle ich mich mit dem anderen Ende des Fadens auf. Nun lasse ich die Reiter auf einem großen Zirkel im Schritt mit weggelegtem Zügel in Abständen von vier bis fünf Metern kreisen. Der Bindfaden liegt am Boden. Wir beobachten jetzt die persönliche Eigenart des Pferdes: Macht es Hals und Kopf lang, um

Und wie immer findet es anschließend nichts dabei, dieses ungewohnte Hindernis zu nehmen.

Die Reiter erhalten strikte Anweisung, im Bannkreis die Zügel wegzulegen, wenn die begabtesten der Pferde über die straff gespannte Schnur gehen.

festzustellen, was da liegt – zögert es dabei – ist es ihm völlig gleichgültig – bleibt es stehen – scheut es womöglich und dergleichen mehr. Wir lernen daraus schon viele Charaktereigenschaften der Pferde. Wenn sich das Interesse der Pferde gelegt hat, wird dasselbe im Trab wiederholt. Nach etwa 5 Minuten hebe ich den Bindfaden auf etwa 30 cm an. Es wird weitergetrabt, und kaum eines der Pferde zögert; die meisten machen schon einen Sprung darüber. Das Pferd hat gelernt!

Auch in Reken gehört der Sprung über die Schnur (diesmal Jochen Schumacher an der Strippe) zu den vielbewunderten Vorführungen (1994).

Diejenigen Pferde, die es am besten gemacht haben, sortiere ich aus, lasse angaloppieren und gebe acht, welche davon es wieder am besten machen. Bei diesen halte ich den Bindfaden gespannt in voller Höhe. Zögern einige davor oder bleiben sogar stehen, bekommen sie den Faden wieder in halber Höhe präsentiert, bis sie es begriffen haben. Ich gehe aber nicht über 0,60 m bis 0,80 m hinaus.
Die Reiter bekommen die strikte Anweisung, im Bannkreis, also etwa 7 bis 8 Meter vor dem Faden, die Zügel ganz wegzulegen! In kurzer Zeit (etwa 10 Minuten) ist der Bann gebrochen, und die Pferde springen den Faden mit Interesse aus purem Vergnügen. – Jede Phase des Lernvorgangs muß genau beobachtet und dosiert werden! Ich garantiere für den Erfolg.
Wenn einige Pferde den gespannten Faden verweigern, so haben sie zu Hause auf der Weide wahrscheinlich einen Elektrozaun und hüten sich, damit Bekanntschaft zu machen. Ich frage daher die Teilnehmer, welche Pferde auf der Koppel oder Weide einen Elektrozaun haben, und lasse diese nicht über den gespannten Faden springen, weil sie den Respekt vor dem Elektrodraht verlieren würden. Das wäre ja nicht der Zweck der Übung.
Jegliches aktive „Aufmerksam-machen" mit Zügeln oder forciertem Antreiben ginge völlig am Sinn der Übung (zum Mitdenken und Selbständig-Handeln) vorbei. Das ist tierpsychologische Springschule, die eine weitgehende selbständige Mitarbeit des Partners für Springen im Gelände oder auf dem Parcours zur Folge hat.
Natürlich kannst du auch dabei mit Halsring reiten, wenn du dein Pferd damit bereits bekannt gemacht hast. Wichtig ist jedenfalls, daß du jede Handeinwirkung im Maul vermeidest – beim Springen eines jeden Hindernisses im „Bannkreis", während der Bascule und bei der „Landung"! Daß auch hier, wie während der ganzen Grundschule, mit Lob und „Bonbon" geschickt gearbeitet wird, ist selbstverständlich.

8. Das pädagogische Training der Chiron-Lehrer

Grundgedanken und Zielrichtung

Häufige Fragen aus dem Teilnehmerkreis von Hospitanten bei meinen Kursen für „Spring- und Grundschule“ veranlassen mich klarzustellen, was den Chiron-Lehrer oder die Chiron-Lehrerin vom üblichen Reitlehrer unterscheidet. Das läßt sich nicht in wenigen Worten sagen.
Beginnen wir daher mit einer Rückschau auf die Elemente des Lehrsystems („Springenlernen für Jedermann“ in fs), und machen wir uns vertraut mit den Fakten Anatomie, Psychologie, Innervation. Machen wir uns noch einmal den Unterschied klar zwischen Verstand und Vernunft (Seite 34, Chiron-Gedanken, fs). Den Unterschied zu erkennen macht den Chiron-Lehrer u.a. aus. Er weiß, was er Tier und Mensch im Unterricht zumuten kann. Aus dieser tierpsychologischen und humanpsychologischen Perspektive heraus ist eine logische Ausbildungsweise überhaupt erst denkbar. Die eklatantesten Fehler im Reitunterricht erwachsen aus dem Nichtwissen von Gehirnfunktionen und nervlichen Folgerungen.
Unter allen Sportlehrern haben nur Reitlehrer auch ein Tier in ihr Lehrprogramm einzuschließen. Daraus folgt, daß sie mehr als doppelt so gut sein müssen, um die Einheit Pferd und Mensch zu sinnvollem Erfolg zu bringen. Ein Tier zu versklaven ist so einfach, wie einen Menschen zu versklaven, nur ist beides menschenunwürdig. Die Chiron-Lehrer sind pädagogisch so trainiert, daß sie beide zu Partnern machen. Das ist der Kern der Chiron-Idee. Mechanische „Hilfegebung“ mit vom Pferd selten verstandenem Lob und völlig unverstandener Strafe ist für Chiron-Lehrer tabu. Integral verstandene Schulung steht im Vordergrund.
Hierzu einige Hinweise:
Die Bücher der alten Pioniere psychologischen Wissens, Freud, Adler, C. G. Jung, sind wichtige Nachschlagewerke zum Basis-Wissen. Darüber hinaus bahnbrechend für die Forschung geistiger und nervlicher Zusammenhänge sind die Schriften von Fritjof Capra (Atomphysiker) und Schopenhauer, der viel über das Tier geschrieben hat, deren Gedankengänge mir so logisch erscheinen, daß ich sie auch in das Chiron-System zur Ausbildung von Reiter und Pferd eingearbeitet habe und sie in der Schulung von Reiter und Pferd dort anwende, wo sie die Vernunft des Menschen und den Verstand des Pferdes sehr wohl vereinigen können. Wir werden schnell verstehen, wie wertvoll diese Perspektiven für Chiron-Lehrer sind, um Erfolge in der Schulung von Pferd und Reiter zu erschließen und zu kultivieren.
Dabei steht im Hintergrund:
Zentrales Bewußtwerden der Körperhaltung von Reiter und Pferd erwächst aus Zen-traler Geisteshaltung des Reiters, Dressate, Prägungen, Engramme sind Blockierungen im Bewußtsein. Sie stellen sich vor die menschliche Vernunft und erlauben ihr nicht, sich potentiell zu entwickeln. „Sein oder Nicht-Sein“ ist hier im wörtlichen Sinn die Frage.
Die Lösung des „Problems“ ist so schwer wie einfach: Loslassen der Engramme, Prägungen, Dressate und Annehmen der Erkenntnis der Vernunft, die sich in der Gefangenschaft der Dressate befindet und im Bann der Vortäuschung lebt, der Irrtum sei die einzige Möglichkeit zu „überleben“.
Nun müssen wir in unserem Fall (Reiten) ganz klar die Unterscheidung machen zwi-

schen den Begriffen Verstand und Vernunft. Vernunft hat nur der Mensch, weil sie ohne Sprache nicht existent ist. Verstand aber hat das Pferd, wie alle hochentwickelten Wirbeltiere, in ausgeprägtem Maße. In einem Praxis-Beispiel würde das so beschrieben sein:

In einer Springstunde, in der dem Pferd das Springen „beigebracht" werden soll, bleibt das Pferd bei der roten Mauer ostentativ stehen. Der unwissende und obendrein falsch ausgebildete „Ausbilder" ist empört, gerät in Wut und bestraft das Pferd.

Dem Tier wird damit ein schmerzhaftes Engramm verpaßt, das sich tief und fest in sein Unterbewußtsein einhakt. Der unbedarfte Reiter denkt: Er wird sich schon merken, daß es Prügel gibt, wenn er nicht das tut, was ich will. Damit befindet er sich im Bereich eines irren Geisteszustandes.

Das Pferd denkt: Rote Mauern tun weh – das habe ich ja vorausgeahnt nach den bisherigen Erfahrungen meiner Springdressur. Das „Problem" ist also keinesfalls gelöst, sondern deftig fixiert im Hirn des Pferdes. Die Eskalation beginnt. Denn von nun an wird das Pferd mit zwangbetonten treibenden Hilfen gegen Hindernisse geritten, und der Abscheu des Tieres vor der Springerei wächst von Tag zu Tag (weil das Engramm dominant wird). Der anfangs gute Wille des Pferdes wird mehr und mehr gedrosselt, bis es schließlich gar nicht mehr in die Springbahn hinein will. Der „Möchte-gern-Reitlehrer" folgt (infolge irregeleiteter Ausbildung) seinem starken inhärenten Drang zur „Selbstverwirklichung" – und der Teufelskreis ist geschlossen.

Die Chiron-Lehrer sind in diesen Gedankengängen geschult und kommen gar nicht auf Ideen, die ihren Erfolg endgültig zu beerdigen imstande sind. Aus dieser unserer heutigen Misere in der Springausbildung des Pferdes und Reiters führt nur ein einziger Weg, und der geht über die Schulung der menschlichen Vernunft jenseits von mechanistischen Dressaten, mit denen man zwar eine gut konstruierte Maschine sinnvoll bedienen kann, aber niemals ein Lebewesen – Mensch oder Tier.

Unvernunft ist nichts anderes als die Unfähigkeit, aus vorhandenen Daten richtige Antworten zu erhalten.
Es gibt sowohl zeitweilige als auch chronische Geisteskrankheit.
Was für den Großvater gut genug war, ist gut genug für mich.
Das Engramm ist keine Erinnerung; es ist eine zellulare Spur von Aufzeichnungen, die tief in die eigentliche Struktur des Körpers selbst eingeprägt ist.
Geistige Gesundheit ist die Fähigkeit, Unterschiede zu erkennen . . .
Je weniger man Unterschiede zu erkennen vermag und je mehr man sich dem Denken in Gleichsetzung nähert (A = A), um so weniger ist man geistig gesund.

Wie stark Aberrationen der Menschen verbreitet sind, kann man nicht nur in der Reiterwelt, sondern überall beobachten, wenn man die Zeitung liest, den Fernseher einschaltet oder sich mancherlei Vorträge anhört. Wie dicht die mit Engrammen durchsetzte Vernunft des Menschen beim Irrsinn steht, ist erschreckend.

Der Umgang mit dem unvernünftigen, aber mit großem Verstand begabten Pferd kann uns den Weg in die bessere Zukunft weisen.

Das Thema „Was ist der grundlegende Unterschied von Chiron-Lehrern zu den anerkannten Diplomreitlehrern" glaube ich in dieser Skizze kurz, aber dennoch einleuchtend erklärt zu haben.

Chiron-Lehrer sind begabt, durch eine wissenschaftliche, gesunde Spring-Grundschule Pferden und Reitern eine Basis zu geben, auf der eine Sanierung des z.Z. irrationalen Springsports möglich wird.

Teil III
Marginalien

Hier möchte ich im Rahmen von Randbemerkungen, die ich aus meinen Notizen, Artikeln, Skizzen, Fotos und Büchern zusammengesucht habe, einen Einblick geben, was mich zum Schreiben veranlaßt hat und nun in dieser Buchform vorliegt.

1. Die Suggestion einer Epoche

Ein Relief aus Ninive, das König Assurbanipal im vollen Galopp auf der Löwenjagd zeigt.

Die Reitweise einer Epoche ist selbstverständlich nur zu erkennen, wenn man reitgeschichtlich nachforscht, warum die Assyrer (Zeit Assurbanipals), Xenophon, die alten Griechen, die Römer, die Reiter des Mittelalters, der Renaissance, des Barock und Rokoko, des Klassizismus, der Neuzeit und der neuesten Zeit so und nicht anders geritten haben.
So läßt das Relief von König Assurbanipal auf der Löwenjagd klar erkennen, um was es in diesem Fall ging. Xenophon bringt in seinem „Hipparchikos" (dem „Reiteroberst") klare Anweisungen für den Kriegseinsatz des Pferdes, in dem überraschenderweise schon starke Anklänge zu psychologischem Verständnis zu erkennen sind.

Diese Anklänge verschwinden dann im Mittelalter, als das Pferd nur vierbeiniger Sklave des schwer in eiserne Rüstung verpackten Reiters war. Die fast völlige Bewegungsunfähigkeit des Reiters mußte sich auf grobe, oft brutale „Hilfengebung" beschränken.
Dann kam die große Wende zur Reitkunst im Barock und Rokoko. De la Guérinière ist hier die Schlüsselfigur zur ausgewogenen Dressurreiterei! Reiten um des Reitens willen, „L'art pour l'art". Nichts für die breite Masse, aber Dressur in Reinkultur, wie sie

François Robichon de la Guérinière, der Begründer der klassischen Reitkunst (um 1730)

Die mittelalterlichen Harnische ließen dem Reiter wenig Spielraum für Sitzvarianten (vier Turnierharnische Karls V. aus der Kaiserlichen Rüstkammer in Madrid).

heute noch in Wien, Jerez und Saumur gepflegt wird.
Die Erfindung der Schußwaffen forderte im Kampfeinsatz zur Zeit eines Seydlitz ganz andere Ausbildungsmethoden, um in der Phalanx einer Attacke den zermürbten Gegner niederreiten zu können. Das Pferd wur-

Die „moderne“ Erziehung der Pferde zu mehr Selbständigkeit im Gelände diente ursprünglich natürlich militärischen Zielen. Oben: Aufsprung auf das Piano im italienischen Tor di Quinto; Geländetraining in der Gruppe – alle wie aus einem Guß. Mitte: Absprung vom Piano: Trotz der schlechten Fotoqualität (1907!) ist der Vorwärtssitz des italienischen Offiziers klar zu erkennen. Unten: Teniente Dodi springt das Piano von der Absprungseite (1,80 m Höhe!). Das Pferd muß über die Speiche drücken, eine gigantische Leistung an Kraft und Energie.

de gedrillt wie der Mensch, es wurde zum vierbeinigen Soldaten.
Nach Erfindung der Maschinenwaffen war diese Drill-Ausbildung sehr wertlos geworden. Das erkannte um die letzte Jahrhundertwende der Klassiker moderner Gelände- und Springreiterei, der italienische Capitano Federico Caprilli, der für Aufklärungs- und Überfall-Einsätze im kleinsten Verband die Pferde so selbständig für das Überwinden von Bodenformationen und Hindernissen machte, daß sie kavalleristisch sinnvoll eingesetzt werden konnten.
In der Spanne der Friedenszeit von 1870/71 bis 1914 war das System Caprillis schon in der Reiterwelt bekanntgeworden. 28 Nationen der Welt sandten ihre befähigtsten Reiter nach Pinerolo und Tor di Quinto, die berühmten Ausbildungszentren der italienischen Kavallerie, um die Methodik zu lernen. Die aufkommenden Concours hippiques (unsere heutigen Turniere) brachten einen Siegeszug der italienischen Methode ohnegleichen. Bis 1939 war die Idee Caprillis die Basis für die Ausbildung des Gelände- und Springpferdes.
Auch an der Kavallerieschule von Hannover wurden Spring- und Geländereiter nach den Prinzipien von Caprilli ausgebildet. Sie brachte Künstler im Sattel hervor wie Marten von Barnekow oder „Mickey“ Brinckmann, später einer der berühmtesten Parcoursbauer der Welt. Sie bewiesen über höchste Hindernisse, daß Stil und Erfolg einander nicht ausschließen müssen.
Der Zweite Weltkrieg 1939–45 zerstörte dann nicht nur Städte und Kunstwerke, sondern auch die Gesinnung der Ritterlichkeit des Homo sapiens. Pinerolo und Tor di Quinto bestehen nicht mehr, und Caprillis geniale Idee ist auch zugrunde gegangen. Chiron versucht, neu darauf aufzubauen.

So ritten die Offiziere des Springstalls der Kavallerieschule Hannover über schwerste Sprünge (Oberst Andreas von Flotow, richtungweisender Lehrer des Autors).

Der Autor auf „Fee“

2. Das Pferd und der Mensch

Es gibt außer dem Hund kein Tier, welches so eng mit dem Menschen verbunden gelebt hat wie das Pferd. Dabei steht das Pferd in seiner ganzen Mentalität dem Menschen unermeßlich fern. Es ist primär ein „Nasentier", ein friedliebender Pflanzenfresser mit Herdencharakter und zur Arterhaltung von Natur aus auf Flucht programmiert. Der Mensch als „Augentier" ist keineswegs friedliebend, sondern dominant aggressiv, und lediglich sein Herdencharakter (mit der Masse denken, fühlen, handeln) dokumentiert einige Ähnlichkeit mit der Psyche des Pferdes. Das ist wenig für eine Symbiose, durch die ein Zusammenleben zweier Lebewesen sinnvoll gestaltet werden kann.

Albrecht Adam „Nach der Schlacht", Ölgemälde (1840)

Die Gutmütigkeit des Pferdes hat viel dazu beigetragen, sich überhaupt dem Menschen zu unterwerfen. Dieser seinerseits hat das weidlich ausgenützt, um es zu versklaven. Es scheint mir unmöglich, daran vorbeizudenken.

Bei der Schlacht von Waterloo sind insgesamt (auf Seiten der Alliierten und Napoleons) rund zwanzigtausend Pferde umgekommen. Wenn man die vielen Kriege, die der Homo sapiens geführt hat, zusammenrechnet, kann man sich vorstellen, daß diesem Mitgeschöpf so viel unglaubliches Unglück zugefügt worden ist, daß eine Wiedergutmachung kaum möglich scheint. Nachdem das Pferd als Kriegsmaterial und im Arbeitsbereich nicht mehr benötigt wird, sollte man ihm wenigstens im Sport einen Lebensraum anbieten, in dem es *Partner* des Menschen wird.

3. Gedankenlosigkeiten, Unfug, Albernheiten

Es ist einfach nicht zu fassen, was in Fachblättern, Gazettenartikeln, illustrierten Zeitungen und Fachbüchern an dergleichen geschrieben wird. Das ist eine endlose Litanei, zu der täglich Neues hinzukommt. All das entsteht in Quellen des Unwissens, der ahnungslosen Verbreitung des Unfugs und – last but not least – gezielter Verdummung des Lesers aus opportunistischen Gründen. Das beginnt bei den Dressurreitern mit der Verherrlichung der langen Bügel, womit man das Pferd (angeblich) einzig und allein gut zwischen den Beinen haben könne. Was soll das? Wenn man auf dem Pferd sitzt, sitzt man auf einem tonnenförmigen Rumpf. Je länger die Bügel geschnallt sind, um so mehr stehen doch die Unterschenkel vom Rumpf ab! Wo ist denn dann die Fühlung von Unterschenkel und Pferdeleib geblieben? Um persönliche Sicherheit im Sitz zu erhalten, mußt du also dein Gleichgewicht mit deinem Becken beim Aufrechtsitzen im Sattel zu erhalten versuchen und unterstützt dieses Bestreben mit den Händen, die dir einen Haltepunkt mittels der Zügel am Maul des Pferdes geradezu anbieten.

In diesem Dilemma sitzt der Reitschüler zunächst einmal fest, wenn er nach der althergebrachten Methode sitzen lernen will! Entwickelt man nun aus dem gestreckten Sitz den leichten Sitz, so muß er im Bügel aufstehen und kommt natürlich über den (dynamischen) Schwerpunkt weit hinaus, was beim Springreiten die Vorderbeine des Pferdes ungeheuer beansprucht. Jetzt wird zu Recht dieser (völlig mißverstandene) leichte Sitz dafür verantwortlich gemacht, wenn die Pferdebeine dabei kaputtgehen. Die aktive *und* wirkungsvolle Position aus dem Dreieck des korrekten leichten Sitzes ist völlig unbekannt. Wie der Code zur Entschlüsse-

Noch einmal zur Erinnerung: Die Einwirkung des leichten Sitzes (entsprechend den punktierten Pfeilrichtungen) zur Förderung der Dynamik

lung des effektiven leichten Sitzes lautet, steht in den Anfangskapiteln dieses Buches. Man könne nicht treiben aus dem leichten Sitz, wird unentwegt argumentiert. Ja, das ist eindeutig richtig, wenn der leichte Sitz aus dem Dressursitz entwickelt werden soll. Denn dort tritt neben der treibenden Schenkelhilfe besonders auch die treibende Wirkung aus der Mitte des Sattels oft mit zurückgelegtem Oberkörper in Erscheinung. Erinnere dich: Der Dressursitz belastet die schwächste Stelle der Wirbelbrücke! Das ist eine nervlich sehr empfindliche Reizstelle. Solange die Rückenmuskulatur noch nicht tragfähig ist, schlagen die Nerveneinmündungen zum Rückenmark natürlich Alarm. Diesem Zwangsdruck will das Pferd logischerweise entfliehen; es wird schneller und sogar heftig, wenn es das nicht kann, weil die Zügel es daran hindern. Aus diesem „Schraubstock" heraus wird das Pferd „hart im Maul" – was aber wieder nicht stimmt, denn es rennt nur gegen das gebremste Treiben an!

Denk nach! Warum gehen denn nach iberischer Weise (oder im erstklassigen Western-Stil) gerittene Pferde mit durchhängenden Zügeln tänzerische hohe Dressurschule?! Da wird man dann oft hören: „... weil sie Stangengebisse mit langen Anzügen erdulden müssen, die eine gewaltige Hebelwirkung haben ...". Diese Aussage fällt in sich selbst zusammen, wenn die Zügel durchhängen!

In der Sattelkammer der Barock-Meister befanden sich Stangengebisse bis zu 40 cm Länge in den Unterbäumen. Was sie ritten, war Dressur-Kunst, wobei sie das Gewicht der Zügel in der Hand hatten und ein Schließen der Finger nur die Erinnerung des Pferdes weckte an das, was es bisher erlernt hat-

Gepflegt werden die Grundsätze der klassischen Reiterei noch an der Spanischen Reitschule in Wien, in Saumur und in Jerez de la Frontera. Hier ein Lipizzaner in vorbildlicher Levade.

te. Hätten diese Meister nach der „hang-and-bang-method" geritten, hätte es zahllose gebrochene Unterkiefer gegeben!

Diese Gedanken, in den Sektor „Geländereiten und Springen" übersetzt, ergeben das Chiron-System. Das Nicht-treiben-können aus dem leichten Sitz resultiert also auf falscher Grundschule des Pferdes und absolutem Unverständnis der dynamischen Wirkung des effektiven leichten Sitzes.

Wenn du aufmerksam und mit klarer Vorstellungskraft (nicht durch falsche Prägung blockiert) darüber nachdenkst, wirst du das Chiron-System in seiner Folgerichtigkeit erkennen.

4. Aus der Praxis

Das Aufsitzen

Wenn wir in einer Chiron-Stunde grundsätzlich von einem erhöhten Standpunkt aus aufsitzen, hört man manchmal die abfällige Bemerkung „Die kommen nicht mal vom Boden aufs Pferd ...". Das stammt aus der Zeit des Kavalleriepferdes, denn der reitende Soldat mußte sehr schnell aufs Pferd kommen. Darum waren auch die Bügel noch in der Pionierarbeit Caprillis relativ lang und nur etwa 2 Loch kürzer als üblich. Damit heute noch herumzuprotzen ist eine Albernheit. Auch das Aufsitzen von der rechten Seite wird belächelt (weil man nicht einmal das richtig gelernt hat ...), ohne die leiseste Ahnung zu haben, daß auch da ein Sinn dahinter steckt.

Aussitzen im Mitteltrab

Für junge Pferde und solche, die im Rücken schwach oder schon verdorben sind, ganz gewiß der Ruin. Sie werden an der schwächsten Stelle ihrer Rückenwirbelbrükke energisch eingesessen und gegen die Hand gefeuert, damit ein „spektakulärer" Mitteltrab herauskommt. Dem hat nun auch die FN Rechnung getragen und die Lektion aus den Aufgaben der A-Dressur (Mindestalter der Pferde: 4 Jahre!) herausgenommen.

Die Reitgerte

Wie lang, wie kurz? Darüber braucht man doch gar nicht zu reden. Der geschulte Dressurreiter wird mit einer langen Gerte sehr gut bedient sein, der Gelände- und Springreiter mit einer kurzen bis zu 0,80 m Länge.
Anfänger sollten nur kurze Gerten benutzen, weil sie das Schwuppen der langen Gerte noch nicht unter Kontrolle haben können. Bei der Auswahl genügt nur ganz wenig Nachdenken, um für jeden Zweck die richtige Gerte herauszusuchen.

Die untergetriebene Parade

Fast überall, in Reithallen und besonders auf Turnier-Abreiteplätzen, kannst du das Zwangsjackenmodell dieser Manipulation bis zum Überdruß sehen. Es wird energisch eingesessen (der Rücken wird konkav), dazu mit allen treibenden Möglichkeiten gegen die bremsende Hand gefeuert. Das entspricht sinngemäß einem gleichzeitigen Handbremseziehen und Gasgeben beim Autofahren. Das passiert einem Anfänger in der ersten Fahrstunde, aber auch nur einmal!
Im Reiten wird dieser Widersinn eigentümlicherweise gepflegt. Da die alten Meister, die romanische Schule und auch die perfekten Westernreiter das nicht tun, ist das germanische Tun jedenfalls überlegenswert. Wie kann ein Pferd untertreten, wenn der Rükken hohl geritten wird?
Natürlich muß ein Pferd an die kommende Parade *herangeritten* werden, sonst landet diese auf der Vorhand, aber das Spiel der Hand mit einem Minimum an Zügeln muß durch eine durchdachte Grundschule gut vorbereitet sein. Das wiederum ist in dem Begriff der „relativen Aufrichtung" enthalten, den gute Dressur-Lehrbücher erwähnen.

Die Angst vor Pausen

Jedes Lerntraining braucht gut dosierte Pausen! Der falsche Gedanke: „Nun hat er es endlich begriffen, also werden wir es fleißig weiterüben, bis es sitzt“, führt zum Mißerfolg! Sobald ein Pferd irgend etwas, woran es zur Zeit noch lernt, gut gemacht hat, erfordert das Lob und Pause im freien Schritt mit hingegebenen Zügeln. Nur so wird das Gelernte mental und körperlich erfolgreich verarbeitet. Die Pause kann ein bis drei Minuten dauern oder sogar zum Ende der heutigen Lektion führen, um das Erlernte mental zu fixieren. Das kommt ganz auf die Umstände an. Auf jeden Fall ist die Angst vor der Pause nicht nur unnötig, sondern sogar schädlich. Der Muskelapparat lernt (aus Wachstumsgründen) weitaus langsamer als der Verstand. „Bewußtsein durch Bewegung“ (Feldenkrais) ist der Weg zur Konditionierung bei Mensch und Tier.

Fänge

Diese sind für das Ausbildungsprogramm von besonderer Wichtigkeit. Fänge laden das Pferd zum Springen ein. Man sieht heute in den Reitinstituten kaum Fänge, aber alle Arten von Hindernissen mit Ständern bis zu 2 m hoch. Wenn ich einen Reitplatz mit zahlreichen Hindernissen, aber keine Fänge sehe, weiß ich sofort, daß hier Pferde energisch an den Sitz mit aktiven Händen spring-dressiert werden, weil eine psychologische Schulung (anstatt Dressur) unbekannt ist.

Das Chiron-System *schult* Pferde zu freiwilligem, selbständigem Springen und vermeidet jede Schraubstock- oder Zwangsjacken-Methode. Der Einwurf, daß solche Pferde dann auf einem Turnierplatz mit mangelhaften oder keinen Fängen vorbeilaufen wür-

Ohne Zaumzeug, ohne Zügel fliegt der Araberhengst „Garban“ auf der LIPSIA 1993 unter seiner Reiterin und Besitzerin Marion Winkler in der fremden Halle – ohne Fänge! – über ein Hindernis von 1,30 m Höhe.

den, ist nur richtig bei spring-dressierten Pferden. Das geschulte Pferd tut das nicht, weil es auf tierpsychologische Weise daran *gewöhnt* worden ist, daß Hindernisse gesprungen werden. Weil diese Pferde in der Grundschule aus rhythmischer Bewegung heraus ohne besondere Antriebshilfen zu springen gelernt haben, existiert die Vorstellung „lieber vorbeilaufen“ in ihren Köpfen gar nicht.
Nach vollendeter Grundschule kann man Chiron-geschulte Pferde ohne Zaumzeug über jedes Hindernis reiten, das ihren Fähigkeiten entspricht, auch wenn man die Fänge wegnimmt.
In der Grundschule kann man gar nicht genug Fänge haben, weil diese die besten Helfer sind, um auf pferdegerechte und menschenwürdige Art spielend das Ziel zu erreichen, das man anstrebt. Diese Trainings-Fänge müssen aus leichten Latten auf stabilen Füßen hergestellt sein, so daß sie schnell und leicht von einem Helfer umgestellt werden können. Lediglich die optische Einrahmung des Hindernisses ist von Bedeutung.

Manipulationen auffallender Art bei der Springarbeit

Es ist immer ein Armutszeugnis für den ausbildenden Reiter, wenn er sein Pferd nur durch augenfällige, also übertriebene Hilfengebung zum Springen motivieren kann. Laß dich deshalb nicht beeinflussen von der mißorientierten Meinung eines Stil-Richters, der dich nach einem flüssigen, wie selbstverständlichen Ritt schlecht oder abwertend beurteilt mit der Protokollnotiz: „Reiter hat nicht aktiv genug eingewirkt, Pferd hat alles von allein gemacht“.
Gerade das müßte im Protokoll als meisterhaft erwähnt werden!
Was das anbetrifft, ist noch viel Pionierarbeit zu leisten, um dem Springsport den Glanz wiederzugeben, der in den 30er Jahren von den Springmeistern gezeigt wurde.

Das endlose „Lösen“

Vor einer Prüfung oder Vorstellung kann man das oft auf den Abreiteplätzen von Turnierveranstaltungen beobachten: Die armen Pferde werden da schon eine Stunde vor ihrem Antritt im Parcours energisch abgeritten, bis sie schwitzen und windelweich sind. Dabei werden immer wieder Probesprünge (zur Selbstberuhigung) gemacht, bis das Pferd müde und unlustig ist.
Merke: Wenn ein Pferd nicht nach 10 Minuten ruhigen Lockerreitens mit ein bis drei Probesprüngen gelöst und fit ist, so ist die ganze Grundschule falsch gewesen. Was ein Pferd noch nicht kann, lernt es auch eine Stunde vor dem Auftritt nicht mehr. Das Dümmste, was du machen kannst, ist, dein Pferd über höhere Hindernisse abzureiten, als im Parcours zu springen sind. Ein Pferd (um es „sauber“ zu machen) auf dem Abreiteplatz bewußt in einen Oxer zu setzen (durch bremsende Zügeleinwirkung im Moment des Absprungs) ist eine Niederträchtigkeit und ein Vertrauensbruch gegenüber dem Springpartner. Das sieht man sogar manchmal bei internationalen Spring-Cracks, was dann leider Schule macht bei Durchschnittsreitern.
Im Namen des Pferdes und eines guten Rufs des Springsports schreibe ich das hier nieder, denn es gehört zur Chiron-Auffassung.

Lob zur unrechten Zeit

Mit Lob wie Stimme, Hand, Zuckertüte soll man nicht sparen, das ist schon gesagt worden. Aber Lob zur unrechten Zeit ist schlecht und bringt Verwirrung um das Verständnis des Pferdes. Du kannst oft beobachten, daß Pferde eine geschlagene Stunde (in Dressur- und Springarbeit) pausenlos gedrillt werden, und wenn dann Schluß ist, mit Zucker oder sonst was – wie zur Entschuldigung – gefüttert werden. Das ist Nonsens, denn das Tier kann mental gar

keinen Zusammenhang mit der Lobpreisung herstellen!
Lob muß einer guten Leistung spontan folgen, wenn es sich psychologisch verankern soll. Auch ein „Beruhigungs-Lob“ ist grundfalsch. Wenn dir ein Pferd ohne ersichtlichen Grund vor einem Hindernis stehenbleibt, ist Lob genauso unangebracht wie Strafe. Mach gar nichts; laß deinen vierbeinigen Schüler dort, wo er stehengeblieben ist, so lange stehen, bis er sich entschließt, Hals und Kopf lang zu machen, das Hindernis zu beschnuppern und zu beknabbern. Er darf aber nicht seitwärts oder rückwärts ausweichen wollen. Er bleibt stehen, und du sprichst kein Wort mehr mit ihm (bist stillschweigend „böse“ wie mit einem Hund, der eine Dummheit gemacht hat), *auch kein beruhigendes Klopfen*. Und wenn es eine ganze Minute oder länger dauert. Wenn er dann schließlich mit der Schnupperei beginnt, reitest du, immer noch ohne Lob, neu an und wirst erleben, daß er recht oder schlecht, aber jedenfalls springt.
Das ist psychologische Erziehung. Nun darfst und sollst du ihn loben und eine Pause machen, damit er überlegen kann. Pause ist auch ein Lob. Sei auch vorsichtig beim Loben mit der Hand, wenn sich gerade ein Erfolg mit dem Zügelkontakt anbahnt, den du dir nicht (die Chance des Verstandenwerdens) verderben willst. Belobe ihn mit der Stimme und heb dir weiteres Lob mit Hand oder „Bonbon“ für später auf. Die mentalnervliche Verknüpfung der Stimme zu nachfolgender Belohnung wirkt sich aus.

Der Kosakenriemen

Die Bügel werden mit dem Kosakenriemen unterhalb des Pferdebauches zusammengebunden; die Länge liegt beim Großpferd im Durchschnitt bei etwa 1,40 m (± 20 cm).
Hier handelt es sich um ein bewährtes Hilfsmittel für den Reiter, der Schwierigkeiten hat, ein gutes Fundament zu erlangen. Man kann ihn auch als sicherer Reiter benützen, wenn man z. B. ein widerspenstiges Pferd, das seinen Reiter abzuwerfen sucht, oder aus gesundheitlichen Gründen Schwierigkeiten mit gutem Knieschluß hat. Wenn der Reiter in Notfällen seine Füße im durchgetretenen Bügel nach außen drückt, spannt sich der Riemen und fixiert auf diese Weise die Knie.
Die Spannungsweite wird durch Kürzer- oder Längerschnallen derart eingestellt, daß der Reiter genug Bewegungsfreiheit für seine Unterschenkel hat. Dadurch ist der Unterschied zu den am Sattelgurt festgeschnallten Bügeln offenkundig. Der Reiter fühlt sich nicht am Pferd festgebunden, bekommt aber das wichtige Sicherheitsgefühl im Fundament.
Für Anfänger-Springunterricht hat sich das in meinen Kursen außerordentlich gut bewährt, um den Stil von Anbeginn zu schulen und nach hinten wegfliegende Unterschenkel gar nicht erst aufkommen zu lassen. Der Reiter lernt, aus dem Hüftgelenk abzufedern und in die Bewegung einzugehen.

5. Notizen zum Buch

Die Schwierigkeiten mit Menschen, bei den Erklärungen bestimmter (bestimmt kommt von stimmen!) Ansichten klarzukommen, liegen kurz ausgedrückt in zerebralen Dysfunktionen, die aus prägenden Dressaten entstanden sind. Sobald aus den andressierten Hirnprägungen in neue Gedankenwege eingelenkt wird, springt die alte Erinnerung sofort wieder in eingeschweißte Gehirnbahnen. Die Gewohnheit, die stets etwas Angenehmes, weil Bekanntes, zum Stützpunkt nimmt, macht den Denkprozeß noch schwieriger. Da körperliche, seelische und nervliche Faktoren bei jedem höher entwikkelten Lebewesen untrennbar sind, ergeben sich eindeutig senso-motorische Störungen, die nicht mehr geeignet sind, Erfahrungen auf unterschiedliche Situationen zu übertragen. Die Welt wird dann anders erlebt als erwünscht.

Bei unvernünftiger Lenkung der Ausbildung kann das zur Katastrophe führen, wie es in einem Fotobeispiel in der Abhandlung über die Reflexbahnen beschrieben ist (siehe Seite 24). Dies gilt sowohl für Pferde als auch für Reiter.

Beim Reiter setzen sich Unsicherheit, Verkrampfung, Angst in falschen Gebrauch der Hände um, daher lasse ich sehr bald mit weggelegten Zügeln springen, um die Reflexe der Hände auf die Beine und das Gleichgewicht umzuschulen. Dabei muß darauf geachtet werden, daß die Arme des Reiters locker und keinesfalls wie Stangen (gespannt) seitwärts gehalten werden. Jede Anweisung des Lehrers dabei wie z. B. „Hüften fest“, „Hände hinter dem Rücken“ oder „Hände auf dem Kopf verschränkt“ ist falsch und sinnlos, weil das neue Spannungen hervorrufen würde, die unbedingt vermieden werden müssen.

Aus dieser lebendig, sinnvoll organischen Ordnung des Systems kommt der Erfolg von selbst durch Heranwachsen der Reflexbahnen.

Um falschem Gebrauch der Hände aus Angst und Unsicherheit entgegenzuwirken, lasse ich sehr bald mit weggelegten Zügeln springen (Evelyn Bergmann/Humphrey).

Im übrigen und um Mißverständnissen vorzubeugen: Chiron besteht nicht darin, den Pferden die Zügel auf den Hals zu legen. Wenn hier relativ viele Beispiele für das Springen ohne Zügeleinwirkung gezeigt wurden, dann eher um zu verdeutlichen, wie mühelos und genau sich ein Pferd **mit** Zügeln reiten lassen wird, das schon ohne Zügel so willig und „auf den Punkt“ mitarbeitet.

6. Geradliniges Denken und Aberrationen

Meine Chiron-Kurse (Spring-Grundschule), die solches Interesse geweckt haben, daß ich die Termine nicht mehr unterbringen kann, veranlassen mich, auch hierzu zu schreiben, womit das Wesentliche in der Auffassung der Chiron-Idee zu klären ist.
Es ist unmöglich, einem Wissenschaftler vor Kopernikus oder Galilei zu erklären, daß die Erde eine Kugel im Weltall ist, solange er nicht davon abläßt, die Erde als eine Scheibe zu betrachten. Es ist ebenso unmöglich, einem Ausbilder von Pferden und Reitern klarzumachen, daß er es mit naturgegebenen Bewegungsabläufen zweier Lebewesen zu tun hat, die physisch, psychisch und nervlich voneinander abhängig sind, solange er nicht davon abläßt, das Pferd als ein zu bearbeitendes Muskelpaket zu betrachten.
Daß das Übel in der Entwicklung unserer mechanistisch denkenden Zeit liegt, habe ich schon öfter zum Ausdruck gebracht und will mich deshalb mit geradlinigem Denken unter Vermeidung von Aberrationen befassen, wodurch das Übel ausgeschaltet werden kann.
Was ist Aberration? Das ist eine Abweichung, Abirrung, von einem nur schemenhaft erkannten Ziel. Es ist also das Gegenteil von geradlinigem Denken. Wenn ein Topograph von einem Standpunkt aus einen Punkt vermessen will, so muß er sich im klaren sein, daß sein Meßergebnis von einem anderen Standpunkt aus ganz verschieden sein wird, weil sich der Gesichtswinkel in Breite, Höhe und Weite verändert haben wird. Dasselbe gilt, wenn er seinen Standpunkt beibehält, jedoch den Zielpunkt verändert. Alles, was er anstrebt, gelingt jedenfalls nur, wenn er aufmerksam geradlinig arbeitet. Mit dem geradlinigen Denken ist es genau dasselbe.
Wenn ein Topograph sagen würde: Das brauche ich nicht mehr zu vermessen, denn es ist schon vor 70 Jahren von erstklassigen Fachleuten vermessen worden, und damit ist es unumstößlich richtig, so ist er kein Fachmann. Und mit dieser Einleitung komme ich nun zum Thema „geradliniges Denken" in der Ausbildung von Pferd und Reiter.
Geradlinig gedacht hat Galilei, als er den schiefen Turm von Pisa benützte, um die Fallgesetze zu studieren; aberriert gedacht haben die Baumeister des Turmes, weil sie sich nicht genügend um die Fundamente gekümmert haben. Aberriert denken die „Lehrmeister" einer Reitlehre, die nicht an die Fundamente natürlicher Bewegungsabläufe bei Pferd und Reiter denken.
Auf den Standpunkt kommt es an: Wenn ich meinen Standpunkt von da nach dort verrücke, stimmt es eben nicht mehr, dann ist es eben ver-rückt.
Wenn ich mein Pferd auf einer Waage zuerst vorn und dann hinten wiege, stellt sich

Daß ein Pferd auf der Waage vorn mehr wiegt als hinten, ist ein rein statisches Ergebnis, das sich in der Dynamik des Reitens oder Springens völlig verändert.

heraus, daß es vorn mehr wiegt als hinten. Wenn ich nun daraus schließe, daß ich im Reitgebrauch folglich danach trachten muß, der Hinterhand mehr Gewicht zuzubringen, um den Ausgleich zu schaffen durch Entlastung der Vorhand, so ist das leider aberriert. Das Wiegeergebnis ist nämlich ein statisches, das sich völlig verändert in der Dynamik des Reitens oder Springens. Besonders im flotten Galopp oder gar im Sprung fließt die Bewegung nämlich über die Speichenwirkung ab. Ein Zurücklegen des Reitergewichtes würde also diesen Fluß der Bewegung hemmen und damit die Vorderbeine des Pferdes stark belasten. Geradliniges Denken würde das Problem durch Anwendung des *korrekten* leichten Sitzes lösen.

Der korrekte leichte Sitz wird aber nur dann seinen Sinn erfüllen, wenn er aus einem stabilen Fundament heraus geritten wird. Dieses Fundament kann nur Fuß/Wade/Knie sein bei gut zurückgenommener Hüfte (worin die Federung sitzt!) und keinesfalls bei vornübergelegtem Oberkörper mit nach hinten wegfliegendem Unterschenkel!

Wenn ich von meinem Standpunkt der Betrachtung vier Kegel mit den Worten Nervensystem – Psyche – Anatomie – Ausbildungsziel geradlinig betrachte, werden sie sich folgerichtig decken. Gehe ich aber drei Schritte seitwärts und verrücke damit meinen Standpunkt, wird die Schlußfolgerung ver-rückt, weil die Gedankenrichtung nicht mehr stimmt. Wenn ich eine Sehne (unermüdbar) mit einem Muskel (ermüdbar) verwechsle und z. B. das Nackenband mit dem langen Rückenmuskel gleichsetze, komme ich zu einem ver-rückten Ergebnis; weil es rein anatomisch nicht stimmt. In der Praxis bedeutet das, daß ein vierjähriges Pferd im Rücken von Jugend auf ruiniert wird, wenn ich Mitteltrab ausgesessen reite, wie es bis vor kurzem in A-Dressuraufgaben verlangt wurde. Einfach deshalb, weil die Prämissen nicht stimmen.

Wenn ich einem Pferd den Kontergalopp (Außengalopp) mit nachdrücklicher Energie

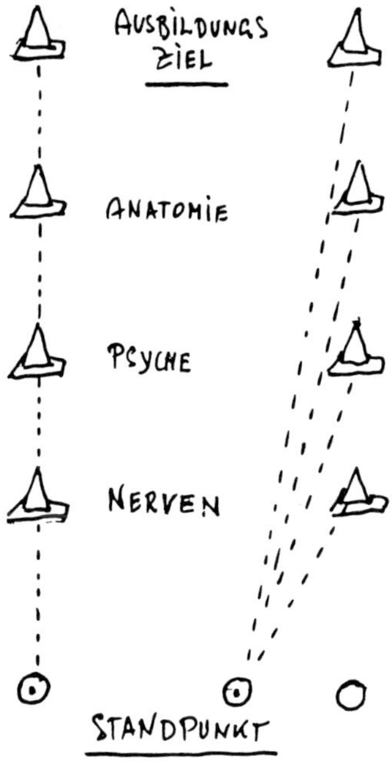

Rechts ist der Standpunkt ver-rückt: Der Betrachter sieht zwar das Problem, aber zusammenhanglos.

beibringe (L-Dressur!), darf ich mich nicht wundern, wenn es den ihm angeborenen fliegenden Galoppwechsel verweigert, weil es Angst davor hat, bestraft zu werden. Wer weiß, wie haarsträubend gefährlich es ist, auf einer Q-Strecke im 570 m/min-Tempo im Außengalopp durch die Kurven zu segeln, wird sich als geradlinig denkender Mensch als Gast in einem Irrenhaus fühlen, wenn er zusieht, wie in der Dressurprüfung einer Großen Vielseitigkeitsprüfung am ersten Tag die Pferde Schlangenlinien durch die ganze Bahn ohne Galoppwechsel gehen müssen, wenn sie keine Strafpunkte sammeln wollen.

Wie ist alles das möglich? Die Erklärung ist frappant einfach. Das „Fachgremium“ lehrt es, also wird es schon stimmen, Nachdenken strengt an, in alten Gleisen weiterzufahren ist bequem und enthebt der Verantwortung.

7. Psycho-physische Betrachtungen

Sehr wertvoll zu wissen – und richtig mit diesem Wissen umzugehen – ist die Unterscheidung von Ausbildung hinsichtlich des Verstehens (Lern-Training) und von Ausbildung hinsichtlich des motorischen Bewegungsapparates (Konditions-Training). Naturgemäß überschneidet sich beides oft im Gesamtrahmen der Ausbildung.

Man sollte sich aber des grundsätzlichen Unterschiedes stets bewußt sein, daß das Training durch sinnvolle Steigerung der Leistung den gesamten Komplex des Exterieurs sowie der inneren Organe zum Ziel hat (Skeletteile, an denen Muskelgruppen mit ihren Anheftungen motorisch arbeiten, sowie Blutkreislauf, Atmung, Herz, Nerven- und Lymphsystem, die diesen Arbeitsablauf ernähren und ordnen), wobei die Muskulatur natürlich „lernt", sich zweckdienlich zu verhalten. Dieses „Lernen", sich zweckdienlich zu verhalten, dieses „Lernen" des Bewegungsapparates findet auf dem Sektor der bedingten Reflexe statt. Die Abläufe werden mehr und mehr „automatisiert".

Das „Lernen" im Bereich des Begriffs Schulung wendet sich aber primär an die psychische Beschaffenheit und ist sehr empfindlich gegen Traumen (psychische Verletzungen), so daß nach meiner Erfahrung die meisten Fehlschläge in der Ausbildung an diesem kritischen Punkt entstehen.

Was das „Lern-Training" betrifft, so ist Folgendes zu beachten: Kurze Reprisen, wenige Wiederholungen, viele – wirklich entspannte – Pausen und nach dem ersten, leidlichen Gelingen des Neu-zu-Erlernenden *sofort* aufhören, loben, absitzen und zum Stall. Das sichert den Erfolg.

Langdauernde, womöglich schweißtriefende Wiederholungen, damit das endlich Erlernte von nun an fest sitzt, bringen nur Mißerfolg. Bei Springpferden kann es zur Katastrophe führen.

Psychologisch handelt es sich nämlich darum, daß das Pferd nach und nach Einsicht gewinnt in das, was es soll.

Dieser *strukturbildende Vorgang* in der Gehirnrinde (Cortex) unterliegt aber ganz anderen Trainingsgesetzen als denen für die rein körperliche Konditionsarbeit.

Viele Wiederholungen spielerischer Art, mit vielen kleinen und großen Intervallen unter Vermeidung dressierenden Schweißaufwandes, fördern diese Strukturierung des „Verstehens-Zentrums" in erstaunlicher Art und Weise.

Der Aufbau des Arbeitsprogramms wird *immer* individuell sein müssen. Nichts wirkt sich in der Reitkunst grauenhafter aus als Dogmatismus, Schablonisierung, Konventionalismus mit dem gedankenlosen Kotau gegenüber dem anonymen „man", betonähnlich verhärtetes Weiterreichen von Klischee-Lösungen mit der weihevollen Begleitung pharisäerhafter Selbstgerechtigkeit.

Es klingt hart, aber es muß gesagt sein. Es muß deshalb gesagt sein, weil diese Eigenschaften, die ich zu den Todsünden wider die Reitkunst rechne, das Allerwichtigste vermissen lassen, was der Reitkunst Atmosphäre gibt: Freundlichkeit, Bescheidenheit, Toleranz.

Es muß an dieser Stelle gesagt sein, weil ich ohne diese Einblendung gar nicht von einem Arbeitsprogramm hinsichtlich individueller Gesichtspunkte sprechen könnte.

8. Klare Begriffsdefinitionen

Für Leser meiner Abhandlungen möchte ich hier die von mir beschriebenen Begriffe so abklären, daß sie nicht mißverstanden werden. Viele dieser Worte werden auch in Fachkreisen verschwommen und oft irreführend interpretiert.

Bascule ist die bogenförmige Gesamthaltung des gut springenden Pferdes im Kulminationspunkt des Hindernisses.

Denken, Gedanken: Nur möglich durch das Zusammenspiel von Nervensystem und Psyche von und zu der Formatio reticularis (einer Vernetzung der Nervenimpulse im Gehirn). Verhaltensänderung und Lernvorgänge sind nur auf diesem Weg möglich. Höher entwickelte Tiere, also auch das Pferd, können im Bereich des Verstandes zweifellos denken, sonst könnten sie weder als Wildpferde noch als domestizierte Pferde aus den Lebensumständen lernen. Wenn man statt des Wortes „Denken“ das Wort „Sinnieren“ anwendet, wird das klar. Denn nur aus der Erfahrung der „Sinne“ (Gesicht, Gehör, Geruch, Geschmack, Gefühl) kann sinniert, also gedacht, werden. Der Mensch kann darüber hinaus, weil er mit Vernunft begabt ist, auch abstrakte Vorstellungen gedanklich verarbeiten.

Dressat: Genaugenommen eine Versklavung des Nervensystems mit Prägungscharakter. Dressate werden schnell zu Dogmen, die dann verheerendes Unheil anrichten, weil sie sich den Deckmantel der „Tradition“ umlegen, deren Nichtbeachtung einer Gotteslästerung gleichgestellt wird.

Emotionen sind Gefühls-/Gemütsbewegungen. Ein sehr gefährliches Wort, das in unserer Zeit des wissenschaftlichen Robotertums viel Verworrenheit mit sich bringt. Wenn sich eine Gefühls- oder Gemütsbewegung regt, wird die Jugend darauf dressiert, „cool“ zu reagieren. Damit wird das Wesentliche des Menschseins abgedrosselt. Emotionen werden diffamiert; man hat sie nicht. Es ist natürlich wichtig, daß man aufwallende Emotionen unter die Kontrolle der Vernunft stellt; sie aber abzuschalten ist ein Fluch unserer Zeit. Tiere unterliegen stark Emotionen, da sie zwar einen weitreichenden Verstand, aber keine Vernunft haben (siehe unter *Verstand* und *Vernunft*; ein Mißverstehen dieser Worte führt in den Irrgarten).

Engramm: Bleibende Veränderung der Hirnsubstanz und der Nervenzellen durch Reizung. Also in etwa eine Gravur, die sehr schwer zu lösen ist, wenn überhaupt.

Entität: Das bedeutet Seinshaftigkeit, Wesenseinheit. Für unser Interessengebiet „Reiten“ soll das durch das Chiron-Siegel (menschliche Vernunft vereint mit der Individualität des Pferdes) gekennzeichnet sein.

Ethologen sind Verhaltensforscher (*ethos* = Sitte, Brauch; logos = Wort, Lehre, Kunde).

Fundament: Basis, Grundlage, Ansatzpunkt. Da ein Fundament stabil sein muß und keinesfalls labil sein darf, habe ich diesen Ausdruck für die korrekte Position des Reiters im leichten Sitz in allen meinen Schriften verwendet. Auf Seite 5–7 der Schrift „Springenlernen für Jedermann“ (Verlag Freizeit im Sattel) ist der elementare Sinn eingehend erklärt als die Lage von Knie/Wade/Fuß des Reiters mit durchgetretenem Bügel, woraus sich durch Tiefnehmen der Reiterschulter in den dynamischen Schwerpunkt der *effektive leichte Sitz* ergibt. Dieser Sitz wurde auch in der berühmten Kavallerieschule Hannover gepflegt, aus der weltbekannte Spring- und Geländereiter hervorgingen.

Gehorsam ist Ergebung und Unterwürfigkeit. Ein Sklave ist gehorsam, weil er weiß, daß es Prügel gibt, wenn er nicht gehorsam ist. Er gehorcht also unter Streß. In der Chiron-Schulung erreichst du Gehorsam aus dem Vertrauen heraus.

Horizontal- und Vertikalgymnastik ist eine Arbeit des Pferdes auf ebenem oder welligem Gelände und über Hindernisse.

Impuls ist gleich Antrieb, Anregung, Anreiz. Reiterlich gesehen bedeutet das, daß der korrekte leichte Sitz allein nur die Basis darstellt und der treibende Impuls nur aus der Praxis heraus erlernbar ist. Der Vorwärtsimpuls steht somit vordringlich im System der Chiron-Idee.

Innervation umschließt in diesem Buch das Zusammenwirken des

a) zentralen Nervensystems, das den einen Weg vom Hirn zu den jeweiligen Gliedmaßen regelt und ebenso den anderen von den Gliedmaßen zum Hirn (also zweizügig, sensitiver und motorischer Weg), und

b) das vegetative (autonome) Nervensystem, das ohne Willenseinwirkung selbständig arbeitet und die Funktionen der Organe reguliert (ebenfalls zweizügig, anregend oder beruhigend auf dem sympathischen oder parasympathischen Weg). Inwieweit der Gesamthabitus des Pferdes damit gefördert oder geschädigt wird, hängt von der Schulungsmethode ab. Ein brutal oder im Dauerstreß bearbeitetes Pferd wird schlechte Reflexbahnen (siehe Seite 24) entwickeln und Schaden leiden. Unfälle sind damit schon vorprogrammiert. Das ist der Hauptgrund, warum Chiron die Pferde in der Grundausbildung weitgehend selbständig erzieht. Die Natur ist dann imstande, mittels des vegetativen Systems automatisch über gesunde Reflexbahnen zu reagieren. Diese Reflexbahnen „funken" über den Abkürzungsweg direkt, ohne Signale vom Gehirn oder Befehle des Reiters zu erwarten.

Insertion ist der Ansatzpunkt (die Ansatzstelle) einer Sehne oder eines Muskels. Man sagt dann: Er inseriert da oder dort.

Instinkt ist eine Gabe der Natur an alle Lebewesen zur Arterhaltung und ist artcharakteristisch. Instinkt ist ein Produkt der Evolution und darf nicht mit Intelligenz verwechselt werden.

Intelligenz ist die Fähigkeit, das Verhalten den Umständen anzupassen, und wächst mit der Erfahrung, der Verknüpfung und Vernetzung des Verstandes.

Klassisch ist identisch mit mustergültig, beispielhaft, und hat nicht unbedingt etwas mit der Antike zu tun, obwohl wir dort zahlreiche Klassiker des Denkens finden.

Konzentration ist die innere Anspannung auf einen bestimmten Punkt hin. Konzentration kann zum Mißerfolg führen, wenn man Aufmerksamkeit, Wachsamkeit und Umsicht darüber vergißt, weil man die Gesamtsituation außer acht gelassen hat. Man darf also nicht bei der wichtigen Konzentration auf eine bestimmte Aufgabe das generelle Bewußtsein abschalten.

Naivität, naiv (von lat. *nativus* = angeboren, natürlich ursprünglich). Naivität ist also Unbefangenheit, Unbekümmertheit, Unbedarftheit. Kinder sind bis etwa zum 6., 7. Lebensjahr naiv. Dann beginnt sich die Vernunft zu entfalten (siehe diese). Tiere bleiben ihr ganzes Leben lang naiv. Wenn man das weiß, wird man in der Ausbildung keine Fehler machen.

Neurose ist ein Nervenleiden, das nicht auf organischen Veränderungen der Nerven beruht. Sie ist psychische Disharmonie. Der Urtyp des Pferdes (friedliebender, waffenloser Pflanzenfresser mit Herdencharakter), der in Angst und Bedrängnis sofort zur Flucht ansetzt, wird daher bei unverständiger Behandlung sehr leicht zum Neurotiker. Bei Sportpferden findet man daher durch rüde Behandlung und Strafe oft einen Zusammenbruch von schon erreichten Dressuren und in der Folge eine Unfähigkeit, andere (erwünschte) Gewohnheiten zu entwikkeln. Gerade beim Pferd muß man erkennen, daß man mit Strafe außerordentlich zurückhaltend sein muß, um seine neurotische Veranlagung nicht wachzurufen.

Parade: Es gibt in der Reitersprache halbe und ganze Paraden, die halbe zum Verkürzen der Gangart und die ganze zum Halten. Dies ist eine grobe und ungenügende Unterscheidung, denn dazwischen liegen zahlreiche Nuancen.

Prägung: Gestaltung, Struktur, Eigenart, Manier, Stil. Wird sich ausprägen in den Reaktionen von Mensch und Tier sowohl im physischen wie auch im psychischen Gebaren. In der Kindheit und Jugend sind Prägungen dominant. Der Anfang prägt. Daher ist jede neu zu erlernende Lektion prägend.

Psychagogik: Die pädagogische Führung und Einwirkung, die psychische und körperliche Komponenten nicht trennt, sondern vereint und die Basis des Chiron-Gedankens für die Ausbildung und das Training des Pferdes darstellt.

Psyche: Schlägt man in einem Sprachlexikon unter „Psychologie" nach, heißt es: Lehre vom Seelenleben. Da man gewohnt ist, „Seele" mit religiösem Akzent zu gebrauchen, treten schon die ersten Mißverständnisse auf, die dazu führen, daß Wissenschaftler den Tieren eine Psyche absprechen. Das führt in der Folge dazu, daß Tiere zu einem Gegenstand, einer Sache, einem Ding herabgewürdigt werden, was konsequent zum Mißbrauch des Lebewesens bis hin zur Vivisektion führt. Auch die Tierpsyche birgt in sich Erkenntnisfähigkeit, also Intellekt und Intelligenz, rasche Auffassung und Begabung für etwas, das in der Reichweite naiven Verstandes liegt. Gemütsbewegungen (Emotionen) sind beim Tier klar zu erkennen und gehören zweifellos zur Psyche. Ja, sie gehen oft weit über das hinaus, was wir human-psychologisch naiv (siehe „Naivität") nennen.

Reflex: Eine unwillkürliche Bewegung auf einen Reiz. Wie man geplante, sinnvolle Reflexbahnen (siehe Seite 24) bei der Ausbildung eines Pferdes nutzbar machen kann, ist ebenfalls ein Hauptanliegen der Chiron-Idee.

Rhythmus: Eine Form der Gymnastik, die sich um geregelte Bewegungsabläufe kümmert. Rhythmik in der Grundausbildung bringt einen geregelten Kreislauf des Organismus, geregelte Atmung, stabiles Nervensystem, partnerschaftliche Mitarbeit des Pferdes und damit psycho-physische Ausgeglichenheit, aus der sich der gewünschte Erfolg entwickelt.

Sehnen, Muskeln, Faszien (bindegewebige Häute): Sehnen sind unermüdbar, Muskeln sind ermüdbar, Faszien durchwachsen die Muskulatur und verbinden sie beutelartig. Nichtwissen dieser Gegebenheiten führt zu absurden Behauptungen wie (Zitat aus der Deutschen Reitlehre): „Von dem Hinterhauptbein bis zum Schweifansatz verläuft der sog. lange Rückenmuskel über die ganze Wirbelsäule". Das tut er ganz und gar nicht, denn vom Hinterhauptbein über den Widerrist, die Wirbelbrücke bis hin zum Kreuzbein, zieht sich ein sehniges Band (das Nackenband, *ligamentum nuchae*), durch das der lange Rückenmuskel *(longissimus dorsi)* gestützt und entlastet werden kann. Der lange Rückenmuskel inseriert also keineswegs am Hinterhauptbein.

Speichenwirkung (oder Speicheneffekt) ist klar erkenntlich im Galopp und über Sprünge beim Landen. Man stellt sich das Landen eines Vorderbeines und das in schneller Folge landende andere Vorderbein wie Speichen eines ablaufenden Rades vor und schließt daraus auf die Belastung des jeweiligen Beines. Daraus entwickelt man den korrekten leichten Sitz, der sich dem Bewegungsablauf sinnvoll anpaßt.

Staccionata (Mehrzahl: Staccionate – italienischen Ursprungs): Ein festes Hindernis auf sehr schweren Beinen, das bei groben Springfehlern zwar insgesamt umkippen, bei dem aber kein Teil abgeworfen werden kann. In der Grundschule besonders wichtig, weil das Pferd nicht vom Reiter bestraft wird, sondern selbst merkt, daß es nicht nachlässig sein darf.

Vernunft: Sie bildet sich (oder auch nicht) aus der Fähigkeit, abstrakt zu denken, zu folgern und zu urteilen. Vernunft ist ohne Sprache und Schrift nicht existent. Sie ist daher nur dem Menschen vorbehalten (der oft damit nicht umzugehen versteht). Dem Tier ist daher Vernunft nicht zuzugestehen. Diese These ist keine Abwertung des Tieres, möglicherweise aber eine des Homo sapiens.

Verstand: Er ist bei höher entwickelten Tieren stark ausgeprägt und entwickelt sich aus dem Wachstum und der Bereicherung und Erfahrung, die sich aus der Anwendung der fünf Sinne (Gesicht, Gehör, Geschmack, Geruch, Gefühl) entfalten. Das Lernen aus Erfahrung gehört vordringlich hierher.

Zum Ausklang

Wenn du dieses Buch aufmerksam gelesen hast, wirst du dir jetzt über die Struktur des Chiron-Gedankens im klaren sein. Wir leben, am Ausgang des 20. Jahrhunderts, am Ende einer Ära, die von der Verarmung der Beziehungen zum „Du“ geprägt ist. Der hektische Drang zum Überleben brachte dem Menschen zwangsläufig die Verantwortungslosigkeit, weil die Bändigung der Materie durch zweckdienliche Forschung und Technik ethische Hemmungen erdrosselt.

Die industrielle Gesellschaft, die roboterähnlich der Funktionalisierung und Vermassung zutreibt, entfernt sich erschreckend von persönlichen Werten und gelangt zur Beziehungslosigkeit zum „Du“, die mit der Erlebnislosigkeit der Begegnung endet. Ein gesunder Weg, diesem Mißgeschick zu entgehen, ist ein von der Vernunft diktierter, menschenwürdiger Umgang mit einem gutwilligen, naiven Geschöpf – dem Pferd. Das ist das „brisante“ Herzstück des Chiron-Gedankens.

Danksagung

Für mir geschenktes Gedankengut habe ich zu danken (in alphabetischer Ordnung): Alfred Betzel, Hauptmann. Er schulte Pferde für passionierte Amateure, die erfolgreich auf Turnieren ritten. Ursula Bruns, die der Freizeit-Reiterei Struktur und Fasson vermittelte und mir persönlich durch die Fachzeitschrift „Freizeit im Sattel" den Weg ebnete. Andreas von Flotow, Oberst, der mir die Augen öffnete für eine psychologisch durchdachte Ausbildungsweise. Oberst Freyer, einer der ersten Avantgardisten der natürlichen Ausbildungsmethode. Axel Holst, ein in Deutschland lebender Schwede, der den Stall Glahn zu einer Zeit leitete, als ich ihn auf Turnieren kennenlernte und seinen Stil bewunderte. Edwin Graf von Rothkirch und Trach, General der Kavallerie, der mir freundschaftlich zur Seite stand in meinen Bestrebungen. Oskar Stensbeck und Richard Wätjen, die mir auf dem Sektor Dressur klarmachten, was klassische Dressur wirklich bedeutet und was kein Recht hat, sich so zu nennen. Und schließlich all denjenigen, die mich unentwegt gelehrt haben, wie man es besser nicht macht.

Besonderer Dank gebührt weiterhin meinen Freunden, Schülern und Chiron-Lehrern, die es möglich gemacht haben, durch ihr reiterliches Können das Buch mit Fotos auszustatten, die das Chiron-System optisch erklären.

Last, but not least, geht mein Dank an Frau Erika E. Müller, die mir den Kontakt zum Franckh-Kosmos-Verlag vermittelt hat, und an meine Lektorin, Frau Sigrid Eicher, die mit neuer Gliederung und neuem Bildmaterial die Folgerichtigkeit von Chiron noch unterstreichen half.

Rolf Becher

Über den Autor

Rolf Becher wurde am 21. September 1906 geboren. Von 1927 bis zum Ausbruch des Zweiten Weltkriegs ritt er erfolgreich in Dressur-, Spring- und Vielseitigkeitsprüfungen.
Nach dem Krieg, ab 1948, unterstützte er in Fragen der Ausbildung von Pferd und Reiter den unvergessenen Oberlandstallmeister a. D. Gustav Rau in seinen Bestrebungen um den Wiederaufbau der Pferdezucht und des Reitsports in Deutschland. So hielt Rolf Becher auch jedes Jahr im von Gustav Rau ins Leben gerufenen „Reiterparlament“ in Warendorf ein Referat über Ausbildung.
Nach dem Tod von Gustav Rau nahm die Entwicklung der Sportreiterei einen Weg, den Rolf Becher nicht mitzugehen gewillt war. Deshalb wendete er sich mit dem von ihm entwickelten Chiron-System an die wachsende Zahl der Freizeitreiter, denen es vor allem auf Harmonie und Partnerschaft mit ihrem Pferd ankam. Er fand ein Forum in der Zeitschrift „Freizeit im Sattel“, und sein Ausbildungssystem wurde in die Methoden des von Ursula Bruns gegründeten Testzentrums Reken integriert. Hier lernten und lernen zahllose Menschen aller Altersstufen den angstfreien, gewaltlosen Umgang mit Pferden und das unverkrampfte, für Pferd und Reiter schonende Reiten.
Rolf Bechers Lehrgänge machten ihn nicht nur in Deutschland, sondern auch in Irland, Großbritannien, Belgien, der Schweiz und Österreich bekannt. Außerdem schrieb er zahlreiche Artikel in der deutschen und englischen Fachpresse, und einige seiner Bücher wurden auch in andere Sprachen übersetzt. Viele von ihm ausgebildete Chiron-Lehrer im In- und Ausland (siehe Liste im Anhang) sorgen dafür, daß seine pferdefreundliche Ausbildungsmethode immer weitere Verbreitung findet.
Das Chiron-System gründet auf den Überlegungen des genialen italienischen Kavallerieoffiziers Federico Caprilli. Er gehörte zu den ersten, die sich um die Jahrhundertwende Gedanken darüber machten, wie der Reiter dem Pferd das Überwinden von Hindernissen erleichtern könnte. Daraus entstand der sogenannte italienische Vorwärtssitz, die Basis des leichten Sitzes, ohne den die Entwicklung des modernen Springsports nicht möglich gewesen wäre. Das Gedankengut Caprillis für unsere heutige Zeit lehr- und erfaßbar zu machen ist das große Verdienst von Rolf Becher.

Anhang

Liste der Chiron-Lehrer

(NT = Nachwuchslehrer Turniersport,
NV = Nachwuchslehrer Vielseitigkeit)

Reitbetriebe und Wanderreitlehrer Richtung Vielseitigkeit und Turnier

Hans-Joachim Webers
Haselhof 24a
30916 Isernhagen
Tel.: 0511/737969 (Cheftrainer)

Ellen Freudenstein
An den Brunnenröhren 6
35037 Marburg/Lahn
Tel.: 06421/66015 (Lehrerausbildung)

Ina Cygon
Haus Nr. 25
86554 Ebenried
Tel.: 08276/1958

Oliver Schmidt-Nechl
Henri-Dunant-Straße 3
53757 St. Augustin
Tel.: 02241/318758
oder
Harzbergstraße 19
71723 Großbottwar
Tel.+Fax: 07148/6058 (NT, NV)

Stützpunkt Italien

Andrea Thiem
Loc. Pagliarelli
56010 Castelmaggiore
Tel.: 0039/50/937283 (NT)

Agricola Sforni
56040 Lorenzana (Pisa)
Tel.: 0039/50/662809

Stützpunkt Österreich

Nikolaus Bernard
Seestraße 6a
A-3804 Allentsteig
Tel.: 0043/2824/2806

Stützpunkt Schweiz

Susan Marty
Dorfstraße 67
CH-8484 Weisslingen
Tel.: 0041/52/342461

Weitere Reitbetriebe und Wanderreitlehrer

Andrea Reiner
Wartstraße 1c
CH-6331 Hünenberg
Tel.: 0041/41/380027

Anne Williges-Bandholz
Gnissauer Heckkaten 8
23623 Gnissau (NV)
Tel.: 04556/523 oder über die Geschäftsstelle

Veronika Schmidt-Nechl
Harzbergstraße 19
71723 Großbottwar
Tel.: 07148/6058

Bärbel Aurich
Mühlweg 10
74564 Crailsheim/Tiefenbach (NT)
Fränkischer Pferdehof
Tel.: 07951/24810

Evelyn Bergmann
Felsenkellerweg 2
35619 Braunfels
Tel.: 06442/6218 (NT)

Marion Winkler
Steinbach a. d. Jagst Nr. 32
74586 Frankenhardt
Tel.: 07967/8630 (NV)
(Leiterin + Trainerin des
Chiron-Show-Teams)

Peter Speckmaier
St. Blasienstraße 21
80809 München
Tel.: 089/3599394

Gottfried Tandinger
A-3874 Haugschlag 75
Tel. + Fax: 0043/2865/8423

Annette Christ
Zum Eichholz 46a
30657 Hannover

Heike Trump
Metzinger Straße 23/1
72660 Beuren-Balzholz

Ute Langwasser
Klingelsweg 1
36358 Herbstein-Rixfeld
Tel.: 06643/1453, Fax: 7157 (NT)

Margarethe Franzen
Moorlageweg 5
26670 Uplengen
Fuchshof Kleinoldendorf
Tel.: 04956/3787

Reiterhöfe und Reitlehrer Richtung Freizeit

Jochen Schumacher
Testzentrum
48734 Reken
Tel.: 02864/2434

Jutta Fiegler
Eichenweg 8
85679 Waizenried
Tel.: 08252/82780

Barbara Heilmeyer-Rehm
Eisenholz 8,
87480 Weitnau
Hauchenberghof
Tel.: 08375/726, Fax: 8185

Helga Böttiger
Streiterstraße 2
63897 Schippach
Tel.: 06022/4673

Petra Mauer
Eifeler Reitzentrum
Römerstraße 4
54587 Lissendorf

Rudi Roth
Am Hang 16
74909 Mönchzell
Tel.: 06226/7233

Ute Zepfel
Paul-Wagner-Straße 31
64285 Darmstadt

Martina Crone
Zum Glind 18
27356 Rotenburg/Wümme
Telefon: 04268/1405 oder 817

Karin Meyer-Huser
Hombergsteig 18
CH-5415 Nussbaumen
Tel.: 0041/56/824816

Carla Bauchmüller
Berge 10
48734 Reken
Tel.: 02864/7921

Petra Dürr
Niobestraße 20
81827 München
Tel.: 089/4301119

Cerstin Valentiner
Treptower Straße 65
22147 Hamburg
Tel.: 040/6473887

Claudia Stern-Wolf
Reiterhof Hirschberg
37247 Großalmerode
Tel.: 05604/5013, Fax: 6505

Sabine Raab
Kapersburgstraße 13
61191 Rosbach
Tel.: 06003/7402

Susanne Buck
Kahlstorf 4
29568 Wieren
Tel.: 040/502093

Manfred Krüger
Höheweg 69
34125 Kassel
Tel.: 0561/819231

Inka Marold
Werderhöhe 22
28201 Bremen
Tel.: 0421/876696

Am Hogzer Berg 5a
28857 Syke
04242/3861

Alfred Wenger
Eichenweg 8
86579 Waizenried
Tel.: 08252/81544

Weitere Informationen erhältst du in der Geschäftsstelle:

Brigitte Williges
Alte Reihe 45
27313 Dörverden
Tel.+Fax: 04234/1784

Fr. - So 150,-
max 8/ min 4 Teiln.